Andrée Maureau

Recettes en Provence

Edisud

Dans la collection *Voyages gourmands*

Illustrations :
Marie-Françoise Delarozière

Édisud, un éditeur de la Compagnie des éditions de la Lesse
30, avenue des Écoles Militaires
13100 Aix-en-Provence – France
Tél. 04 42 21 61 44 / Fax 04 42 21 56 20

www.edisud.com – e.mail : info@edisud.com

ISBN 978-2-857449-0562-3

A mes amis,
qui confondent blettes et cardons
pistou et basilic
piment et poivron
afin que leur approche
de la cuisine provençale
en soit facilitée.

Andrée Maureau

Maquette et Illustrations
Marie-Françoise Delaroziere

Créations
J.CARCASSONNE
en ARLES   et à AIX
EN
PROVENCE

Couverture :
Motif exclusif "Valensole"

Ce recueil ne prétend pas vous offrir toutes les Recettes de Provence. Ce serait infini, car la Provence est vaste, de Nice à Arles, de Sault à Marseille, en passant par le Luberon, sans oublier Avignon ou Toulon.

C'est plutôt un choix, guidé par la bonne humeur, et la gourmandise, dans un pays de soleil, où l'on aime bien vivre, que ce soit sous la treille d'un cabanon ou d'un café en buvant un ou deux pastis, que ce soit en pique-nique, adossé à une restanque, bien au cagnard, à l'abri du Mistral, ou encore l'hiver devant la cheminée, avant une partie de loto, ou autour du gros Souper de Noël.

Que l'on ne vienne pas me dire qu'il n'y a pas de cuisine provençale. Ceux qui en nient l'existence se trompent.

Certes elle n'a pas la réputation de ses voisines, et d'ailleurs elle s'en moque éperdument. Elle n'en a que faire!

C'est une cuisine de gourmets, de gens sobres, paysans, bourgeois ou châtelains. Une bonne daube traditionnelle sera la même sur toutes les tables, ni plus riche là qu'ailleurs.

Comme toutes les cuisines épicées, c'est une cuisine de nuances. Il ne suffit pas d'éparpiller thym et laurier pour que cela soit provençal. La ménagère provençale sait bien développer au maximum la saveur, l'odeur du produit brut. Si besoin est, elle y ajoute un peu d'herbes pour le réhausser.

C'est une cuisine colorée, de lumières, où les plats sont déjà un régal des yeux, une invite au Soleil.

Si la plupart des recettes présentées sont dans la plus pure tradition provençale, glanées dans les vieux cahiers familiaux jaunis, ou transmises de vieille voisine à voisine moins vieille, d'autres recettes sont plus actuelles. Et les produits du terroir meilleurs ici qu'ailleurs trouvent très bien leur place sur les tables méridionales.

ainsi le chèvre chaud sur salade verte par exemple.

Je ne parlerai que très peu du congélateur ou du micro-ondes. N'étant pas contre du tout, je trouve néanmoins que c'est à chaque cuisinière de mettre à l'épreuve ses propres plats.

Avant de se lancer ensemble, nous parlerons, et Dieu sait si je suis bavarde, des herbes, des ustensiles de notre cuisine, et de nos habitudes.

A. M
Grange Basse

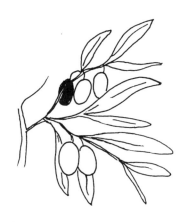

Table des Matières

Chaque tête de chapitre propose la liste des recettes
correspondantes.
Quelques fiches blanches vous permettront de complé-
ter vos Recettes.
L'Index en fin de recueil vous aidera à faire
vos choix.

Je voudrais ici remercier toutes mes amies Provençales.

Je voudrais aussi remercier les 2 livres qui ont toujours eu leur place dans ma cuisine.

"La Cuisine Provençale" de J. Reboul, aux Editions Tacussel, appelé aujourd'hui "Le Reboul", édité... et réédité.... Je vous conseille de lire la cuisson des Pois chiche... on croit rêver !...

"La Cuisine Provençale de Tradition Populaire" de René Jouveau, Editions du Message à Berne, édité.... réédité.... Pour ma part il possède un charme merveilleux. C'est un récit culinaire de "piété provençale" où souffle l'esprit de cette Terre.

a. M.

Quelques Remarques sur l'huile d'olive l'ail et les herbes aromatiques

L'huile d'olive. Jugée trop forte et désagréable pour certains palais non initiés, je conseillerai d'avoir 2 bouteilles d'huile d'olive. L'une, presque vert pâle et fruitée pour les salades et les plats non cuits, l'autre plus légère pour la cuisson. De toute façon, l'on en met très peu chaque fois.

L'acheter si possible dans les Moulins. Il en existe encore à Oppède, Nyons, Maussane ou Cucuron.... etc. De plus les propriétaires sont toujours charmants et c'est un plaisir de bavarder avec eux.

L'Ail. Pas de cuisine en Provence sans ail. Encore faut-il savoir le doser ! une "pointe d'ail" désigne la quantité que l'on peut mettre sur la pointe d'un couteau pointu.

Ail blanc ou violet ?

L'Ail blanc est plus doux que son cousin le violet. L'acheter à l'automne et le placer dans un endroit aéré, il se gardera tout l'hiver.

Enlever le germe le plus souvent possible, la digestion en sera meilleure.

L'outil, le presse-ail, est bien commode. On peut le presser sans l'éplucher. Bien souvent on écrase l'ail sans l'éplucher avant de le joindre à la préparation.

L'Ail sauve la vie !... diminue la tension, favorise le sommeil. Quelle bonne sieste que celle que l'on fait après un aïoli !... c'est aussi un stimulant, et un stomachique dans la célèbre soupe de l'aigo boulido.

Planter de l'ail autour des pêchers, afin d'éviter la cloque des feuilles.

Si vos ongles sont en mauvais état, frottez-les d'ail.

Et... et.... en cas d'épidémie de peste, portez un collier de gousses d'ail.....

Les Herbes aromatiques

Un petit conseil : Il vaut mieux les utiliser sèches que fraîches (sauf bien entendu le basilic, la menthe, le persil...)

Plus concentré, leur parfum est moins agressif. Même chose pour l'écorce d'orange de la daube ; fraîche, elle dominerait les autres arômes, sèche, on devine sa présence. La sauge sèche aura perdu son amertume.

Sachez que tout est dans le dosage des herbes. On reconnaît un plat réussi quand on ne distingue pas parfaitement toutes les herbes que l'on a mises dedans. Elles doivent faire un tout, indissoluble.

Ne rangez pas vos herbes dans du plastique, mais du papier, ou dans une boîte bien fermée. Et chaque herbe dans sa boîte personnelle. Ne pas les mélanger.

Important : lors de la préparation, faire deux parts d'herbes, l'une au début de la cuisson, l'autre vers la fin.

Le Basilic

est vendu tout l'été en pots de terre ou en petits godets. Il parfume les marchés, les balcons, et les voitures qui "remontent à Paris".

A petites feuilles ou à grandes feuilles, la tradition préfère les petites feuilles. Il voit sa consécration dans la Soupe au Pistou. Le pistou est le nom de la sauce, et non de la plante ! Délicieux et frais, on peut en mettre dans les salades de tomates, de courgettes, de haricots, et dans les pâtes fraîches.

Le basilic, légèrement diurétique, facilite la digestion.

Bouquet garni provençal : laurier, thym, marjolaine, romarin (très peu de romarin).

Fenouil.
Je ne parle pas des bulbes, mais des plantes sauvages au bord des chemins. Les cueillir à la Saint-Michel (Bien regarder les feuilles, pour ne pas faire une confusion avec une autre plante qui lui ressemble étrangement).

Recommandé pour les poissons, soit dans le court-bouillon, soit brûlé dans la braise sous le poisson. Indispensable pour le poulet au Pastis. En médecine, ses graines en infusion drainent le foie.

Genièvre.
S'armer de gants pour les cueillir ou les décrocher avec un peigne en fer (peigne à chiens). Ne pas confondre avec les baies de Cade. Les choisir violettes, car elles sont mûres.
On les met dans la marinade, les plats de chasse, la choucroute, les pintades et un certain "tian de pommes de terre" délicieux et si simple.

Considéré comme un fortifiant, ses baies se prennent en infusion.

Laurier.
Sec, il est souvent réduit en poudre, pour mieux être dilué. En feuilles, on l'utilise pour la marinade, les ragoûts, l'eau de cuisson des pâtes (1 feuille dans la casserole d'eau) les pot-au-feu..... Si vous voulez faire de bonnes brochettes de viande, en tailler des petites branches et enfiler les cubes de viande sur le bois pointu. En infusion

il stimule l'estomac. ne pas en mettre beaucoup.

Marjolaine. (ou Origan)
Pousse sur le bord des routes. Aromate merveilleux pour les pizzas, les coulis, les vinaigrettes et les farces. Soporifique, elle facilite le sommeil.

Menthe.
La menthe sauvage est particulièrement parfumée. Elle pousse très bien et très vite transplantée au nord. Délicieuse dans les salades vertes, sur les tomates, les glaces, ou les compotes de fruits rouges.

Persil.
Préférer le persil plat au frisé moins parfumé. C'est une des plantes qui contient le plus de vitamines. Mixé, il redonne bonne mine, très rapidement, même si vous faites la grimace en le buvant.

Romarin.
Attention, son parfum est violent. L'utiliser très modérément. Convient aux viandes de mouton. Les petites branches peuvent être taillées en longs bâtonnets pour remplacer les fers à brochettes. Les inhalations de romarin éloignent les microbes des rhumes.

Safran.
Le meilleur en pistil. Posé sur un couvercle chaud, il séchera ; il faudra ensuite l'écraser pour le diluer uniformément dans la soupe. Attention, il ne doit pas bouillir. Le mettre au dernier moment.

Thym.
Le cueillir juste avant la floraison, un jour à midi, sur les collines du Luberon ou des Alpilles, après un hiver enneigé. Le thym convient aux grillades, au gibier, aux terrines. Savoir le doser. ne pas en mettre trop.
Très tonique, il excite l'appétit, et facilite la digestion et la circulation.

Gentils Conseils ¹¹

Ne foncez pas dans une recette sans l'avoir lue jusqu'au bout.

Préparez vos ingrédients, devant vous, sur la table de travail.

Si, ayant préparé votre farine, ayant fait fondre le beurre, alors qu'il fallait l'émietter, vous vous apercevez qu'il n'y a que 3 œufs au lieu de 5, qu'il n'y a pas de levure de boulanger, et que le sucre en poudre n'atteint pas 150 gr, alors qu'il en faudrait 250, et que vous réussissez votre gâteau .... Bravo ! Notez vite comment vous avez fait, si l'on vous en redemande un autre jour !....
Sinon, si votre gâteau ressemble à un disque plat, il vaut mieux recommencer calmement, mais avec les vraies proportions, et les vraies recommandations. C'est plus sûr...

N'oubliez pas d'avoir dans votre cuisine :

un mortier, en marbre si possible, pour préparer le célèbre aïoli, le piston, ou toute autre préparation pilée. Le pilon est de bois. Le mortier de bois est aussi bien. Mais attention ! après l'avoir lavé, ne pas le sécher brusquement. Il craquelerait. Le choisir épais.
un ou plusieurs "tian". C'est un plat de terre, vernissé à l'intérieur, long ou rond et dont les bords sont évasés. Il sert surtout aux gratins mis au four. Tian d'épinards, de courges etc....
une daubière. C'est une très jolie poterie haute avec une queue et un couvercle creux. On versera de l'eau dans ce couvercle durant toute la cuisson de la daube, et cette eau refroidira la vapeur qui retombera à l'intérieur dans la daube.
Si vous n'avez pas de barbecue .... ayez des

plaques en fonte épaisse. C'est très très pratique, pour les grillades, poissons, côtelettes etc.... Cette cuisson nécessite une hotte puissante, où les courants d'air sont efficaces pour chasser les odeurs.

Boites d'Épices et d'Herbes, avec un petit moulin à épices, ou poivrier, qui servira à réduire en poudre certaines épices, une petite râpe pour la muscade par exemple.

des cuillers en bois.

Vous organisez une fête chez vous ! les 80 ans de votre grand'mère, le mariage de votre fille, l'inauguration d'un atelier, la fin d'un stage .... que sais-je ? Pourquoi ne pas préparer

un buffet provençal

et pour vous-même, avec vos amis, le proposer les soirs d'été sous le tilleul ou le platane, près d'un bassin ou sur la terrasse !....

Voici des idées pêle-mêle. Il faut s'y prendre 8 à 10 jours avant, et le congélateur est le bienvenu : Olives de toutes sortes, Tapenade, concombre à la tapenade, fougasses aux gratelons, poivrons marinés, sardines à l'escabèche, pain de poisson, terrine de porcelet au genièvre, caillettes, ratatouille, bohémienne, capenata froides, omelettes aux épinards, aux oignons, les 12 omelettes superposées (gros succès), du porc froid à la sauge, gigot froid, aubergines froides frites à la tomate, plateau de fromages de chèvre, les banons de Banon, les épicés, les secs, les crémeux. (N'oubliez pas qu'il y a des personnes qui ont pris en grippe les fromages de chèvre servis en exclusivité, matin et soir pendant toute la durée de leurs vacances et qui, en secret, rêvent d'un bon camembert). Fruits, glaces, oreillettes, pralines, nougat etc... Les vins seront de Coopératives ou de Propriétaires voisins, légers, désaltérants et .... si parfumés.

Que la fête commence .....   Musique !

Mesures pratiques

Votre balance est détraquée, votre bol à mesures introuva-
ble, vous avez une envie irrésistible de faire un gâteau...
alors sachez que :

1 cuiller à soupe rase de

sucre en poudre pèse	15 gr
farine	15 gr
eau	15 gr
huile	15 gr

1 cuiller à café rase de

sucre en poudre pèse	5 gr
beurre	10 gr
sel	5 gr

1 décilitre équivaut en général à ½ verre pyrex. Sachant
qu'un yaourt ordinaire mesure 12,5 cl, ou 1 dl,5 ....
...on fait sans se tromper son calcul !

Quelques proportions par personne

légumes secs : 70 gr - riz, pâtes : 60 à 80 gr.
pommes de terre : 1 kg pour 4 personnes
légumes verts épluchés : 300 gr
Eau à volonté
Vin .... avec modération

Cuisinières inconnues ! ne soyez pas surprises de l'
absence du nombre des convives autour des plats. En
général les recettes sont proposées pour 5 à 6 personnes. L'important pour nous est de vous donner des proportions que
vous adapterez.

Page pour un Aide-Mémoire

Trucs d'Apéritif

Cœurs de céleri au chèvre frais

céleri, fromage genre tomme fraîche, parmesan.

Ne conserver que les tranches du cœur de céleri. mais si votre céleri est tendre, vous pouvez l'utiliser jusqu'aux feuilles, ce qui est plus avantageux.

Les couper en bâtonnets, et les remplir de fromage de chèvre malaxé, ou non, avec du parmesan. Si votre fromage de chèvre a beaucoup de goût, le parmesan est inutile. Poivrer.

variante : On peut remplacer, dans le céleri, le chèvre par une pointe de Roquefort.

Concombre à la tapenade

concombre : 2 ou 3 longs et craquants
tapenade : 1 pot ou 250 gr.

Eplucher les concombres. Les faire dégorger en morceaux longs, de la taille d'une bouchée, dont on aura enlevé le milieu, c'est-à-dire les graines, avec une petite cuiller.

Remplir de tapenade et servir froid.

Croûtons ou roustides

anchois : 10
ail : 2 gousses d'ail
origan : 1 cuillerée à café
persil, thym, huile d'olive, sel et poivre
pain : baguette ou ficelle, ou pain de campagne

Mixer anchois, ail, herbes avec 1 peu d'huile d'olive jusqu'à ce que cela donne une pommade consistante. Bien l'étaler sur le pain, ficelle fendue en 2 ou tartines.

Passer sous le grilloir du four une minute ou deux. Servir chaud.

Fougasse aux gratelons

(Les gratelons étant le résidu du saindoux lorsqu'on le fait fondre)

Soit en pâte feuilletée (Beaucaire, Remoulins en ont fait leur spécialité)
Soit en pâte à pain.
Servir chaud. Se conserve en congélateur.

Les Olives

Toutes sortes d'olives bien entendu ! des picholines du Gard, des "cassées", selon la saison, des "Nyons" ridées et parfumées, des "Maussanes", des "Grecques" des "Nices", des pimentées, à l'ail, etc.... Allez au marché, picorez, goûtez-les !.... choisissez-les dans les paniers.

Pour la Tapenade sur les croûtons: voir la recette aux Entrées.

Olives cassées

1 balai,

500 gr d'olives fraîches, achetées sur les marchés début Octobre, pour être préparées. Surtout ne vous amusez pas à les goûter ! c'est une farce que l'on fait en général aux étrangers !

Les poser une à une sur une planche en bois, et les casser ! c'est-à-dire, avec un maillet de bois, les faire éclater d'un coup vif autour du noyau qui reste intact. A la fin de l'opération, avec le grand balai, vous retirerez toutes les olives qui seront parties sous les meubles !...

Placez-les ensuite dans un grand seau d'eau, bien rempli.

Changez-l'eau tous les jours pendant 10 jours. Au bout de ces 10 jours l'amertume doit être partie.

Préparez alors, dans une grande casserole, suffisamment d'eau salée (100gr de sel par litre), 5 feuilles de laurier, 3 branches de fenouil (celui qui pousse sur les bords des chemins) 10 grains de poivre, 10 de coriandre et une écorce d'orange.

Faites bouillir 15'
Laissez refroidir
Rectifiez l'assaisonnement

Versez cette eau sur les olives rincées dans une jarre en terre vernissée.

Attendre 10 jours en espérant qu'elles seront réussies et bonnes.

Si par hasard, hasard !.. elles étaient encore un peu amères pour les manger telles qu'elles, un ragoût les acceptera volontiers !.....

Quichet aux anchois

anchois : un verre au sel
ail : 2 gousses
huile d'olive
pain

Dessaler les anchois, les piler, sans leur arête, avec l'ail, et un peu d'huile d'olive. Mettre cette pommade sur des tranches de pain. Au four 5' maximum.

Saussun

Amandes : 200 gr
anchois : 3 filets
fenouil : 1 feuille

Piler ou mixer le tout, pour obtenir une pommade, avec rajout d'eau et d'huile d'olive. L'étaler sur des croûtons. Au four 3'

Les Entrées

Les Légumes en Entrées

Caviar d'Aubergines
ou aubergines à la gueuse

aubergines : 2 longues par personne
ail : 1 ou 2 gousses - huile d'olive, sel, poivre

Mettre à four doux les aubergines, entaillées de-ci de-là avec une petite pointe de couteau, sinon elles éclateraient. Les tourner de temps en temps pendant 1/2 heure. Arrêter et laisser refroidir coupées en deux. Puis avec une cuiller enlever la chair, l'écraser soigneusement (ou la mixer) avec l'ail écrasé, le sel, le poivre. La pommade doit être consistante. Arrosez si vous voulez d'un jus de citron. Tartiner sur du pain grillé ou non.

Champignons de Pins
à l'huile et au vinaigre

En automne partez aux champignons, et rapporter des pinins.
Peser un kg. Bien les nettoyer, les couper en longs morceaux pour leur faire rendre leur eau dans une poêle huilée.

D'autre part faire bouillir pendant 15' :

vinaigre : 1 verre
huile : 2 verres
ail : 2 gousses
romarin : quelques brindilles
laurier : 3 feuilles

Y jeter les champignons. Cuire 10'
Les manger le jour même ou les garder en bocal de verre, en conserves.

Courgettes aux câpres

courgettes : 2 ou 3 très petites courgettes par personne
oeufs : 1 ou 2 ,
câpres : 1 poignée
citron : 1
huile d'olive , sel , poivre

Choisir de très petites courgettes (7 à 8 cm), les faire blanchir 5' dans de l'eau bouillante , avec leur peau. Les égoutter, les laisser refroidir, les ouvrir en deux et enlever le milieu graineux avec une cuiller. Remplacer le milieu par les oeufs durs écrasés grossièrement , arrosés d'huile d'olive, le jus du citron , sel, poivre . Parsemer de câpres .
Servir très froid , dans un grand plat plat.

Fenouils glacés

bulbes de fenouil : 6
oeufs : 2 jaunes
moutarde : 1 cuillerée à soupe
lait : 3 cuillerées à soupe
tomates : concentré ou coulis
citron : 1

Faire cuire à l'eau bouillante salée pendant 20' les bulbes coupés en 2 . Bien les égoutter, et laisser refroidir.
D'autre part, préparer une mayonnaise, y incorporer le lait , un peu de concentré de tomates, le jus d'un citron , et, si l'on veut, un peu de piment.
Napper la sauce sur les fenouils.
Servir frais .

Les légumes crus

Les primeurs du printemps sont délicieux pour préparer ce que l'on appelle "le Corbeillon du Jardinier".

Artichauts petits violets, fèves fraîches, tomates, céleri, poivrons, cébettes, avec vinaigrette ou anchoïade.

Artichauts : enlever les premières feuilles un peu grosses. Citronner le tout et croquer avec sel ou huile d'olive. S'ils sont un peu gros, les couper en 4, enlever le foin, les citronner.

Cébettes : petits oignons présentés en bottes. Les manger crus au sel.

Céleri : le présenter en bâtonnets et le manger au sel ou trempé dans de l'anchoïade.

Fèves : les choisir très jeunes, les écosser, les manger crues avec un peu de sel.

Tomates : crues, en quartier, ou en salade avec piston ou menthe.

Melon : coupé en 2 ou en tranches, le présenter avec des figues fraîches et du jambon cru coupé très finement. On peut le servir aussi, coupé en deux avec un petit verre de Rasteau (vin apéritif des Côtes du Rhône) très bon avec le melon mais très bon aussi en apéritif sans melon .....

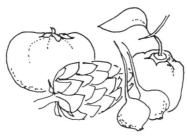

Tapenade

accompagnement d'apéritif et d'entrées
Cette préparation doit son nom à "tapeno":
câpres.

olives noires : 500 gr
câpres   : 300 gr
anchois   :   20
ail : 1 ou 2 gousses (facultatif)
rhum : 1 petit verre   ou Cognac
thym , laurier , poivre , sel , huile d'olive
moutarde

Choix des olives : je préfère des olives de Nyons,
plus parfumées , mais plus chères et plus longues à préparer.
Celles de Maussane sont plus charnues . N'ayez pas peur
de vous abîmer les mains en dénoyautant . au contraire
l'huile des olives conviendra très bien pour la douceur
de votre peau.

Les câpres seront bien essorées, les anchois dés-
salés sous le robinet et débarrassés de leur arête centrale . Cette préparation devrait se faire au mortier,
sinon par petites quantités au mixer.

Commencer par mettre câpres, olives, anchois
coupés en morceaux , et l'ail finement pressé . Y
ajouter les herbes, une cuillerée de moutarde , et le petit
verre d'alcool . Lier avec l'huile d'olive . goûtez.
La pommade doit être bien lisse , ou granuleuse selon les goûts . Elle se sert en apéritif , sur du pain
grillé, ou sur des biscuits salés plats genre Tuc . on
peut aussi en mettre dans la salade de tomates , dans
des pâtes fraîches , et la manger avec des petits fromages
de chèvre , chauds ou froids . On peut aussi en remplir
des oeufs durs après avoir mélangé la tapenade avec les
jaunes , et servir avec une vinaigrette.

Donc en faire beaucoup à la fois.

Poivrons marinés

poivrons : 3 ou 4 à la chair épaisse, en général
rouge jaune.   citron : 1   ail : 1 gousse

huile d'olive, sel, poivre

Je vous propose 2 manières de les faire griller
pour leur enlever la peau.

Soit au gril, sur feu de bois. Mettre les poivrons entiers, les retourner. La peau craquèle. Les enlever et les entortiller dans du papier de journal 1/4 h.

Soit, plus facilement à four doux, sous la grille pendant 1 heure. La peau se boursoufle et craquèle.
Les sortir, les entortiller dans du papier de journal et
attendre 1/4 d'heure.

Une fois refroidis, on enlève la très mince
pellicule de peau, les graines et les trognons. Puis
on les coupe en lamelles, ou en morceaux plus larges.
On les range ensuite dans une terrine avec 1/2 jus
de citron, l'huile d'olive, le sel et le poivre, et un
peu d'ail écrasé si l'on veut.

N'ayez pas peur d'en faire beaucoup, car
en plein été, bien frais, c'est délicieux.

Poivrons farcis

poivrons : 3 par personne (ceux qui ont la chair
ferme). anchois : 1 par personne
gruyère, olives noires, huile d'olive

Faire blanchir les poivrons 10'. Enlever les
graines, couper le trognon. Remplir avec 1 filet
d'anchois à l'huile, 1 fine tranche de gruyère, 3 ou 4
olives noires dénoyautées, un peu de mie de pain trempée
dans du lait, ou des restes de riz cuit à l'eau.

Mettre au four, dans un plat huilé, pendant 30'. Manger chaud ou froid.

Flans de Légumes

Ces préparations demandent un peu de temps, mais c'est bien agréable, le lendemain, au moment du dîner, de n'avoir rien à préparer.

Papeton d'aubergines

La tradition voudrait que ce soit le plat préféré des Papes d'Avignon, d'où son nom.

aubergines : 10 longues bien noires
ail : 2 gousses
échalottes : 3
huile d'olive : 6 cuillerées à soupe ou plus
œufs : 4
plus un coulis de tomates
      tomates : 1 kg,500
      ail : 6 gousses
      huile d'olive, sel, poivre, oignon, thym

Peler les aubergines, les couper en tranches, les faire dégorger, au moins 1 heure, avec du gros sel, dans une passoire. Les mettre, essorées, dans une cocotte avec l'huile d'olive, sel, ail, échalottes, thym, laurier, sur un feu doux, à couvert. Lorsqu'elles sont fondantes, les passer à la moulinette, y mélanger les œufs entiers battus en omelette. Mettre cette préparation dans un moule à charlotte, badigeonné d'huile, ou dans une terrine ou petit tian (goûter pour vérifier l'assaisonnement). Faire cuire au bain-marie au four 35' ou plus. Le flan doit rester moelleux, mais pas dégoulinant. Vous aurez préparé à part le coulis (sauces p. 41)

au moment de servir, démouler le papeton et napper de coulis. Servir chaud ou froid.

C'est une entrée particulièrement fine pour un grand dîner. Si vous avez peur que votre papeton s'écroule, le servir en terrine.

Flan d'Herbes

épinards : 500 gr
        ou vert des blettes , salade, laitue etc ...

farine : 50 gr
lait : 2 ou 3 cuillerées à soupe
oeufs : 4
muscade , ail : 3 gousses , thym, laurier
sel , poivre, huile d'olive

Cuire les épinards . Je cuis mes épinards avec
l'ail , le thym et le laurier dans l'eau. Bien essorer
Les faire revenir à la poêle avec la farine.
Ajouter le lait.
Bien remuer en ajoutant la pointe de muscade et les
oeufs battus en omelette . goûter et vérifier l'assaisonnement . mettre le tout dans un moule à cake.
Mettre au four , au bain-marie pendant 40'.
Laisser reposer avant de démouler . Servir froid ,
découpé ou non , avec une mayonnaise , remoulade ou
coulis de tomates .

Variantes : Je rajoute aux épinards toutes sortes d'
herbes, de feuilles, qui peuvent être cuites : fanes de radis , feuilles de laitues et même orties si l'on veut .

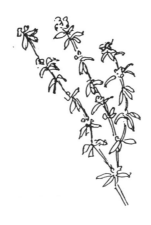

Les Salades

La salade verte en Provence se mange au début du repas.

Une fois l'ail gratté (1 gousse ou 2) sur les dents d'une fourchette, au fond du saladier, ou plus facilement pressé sans être épluché au presse-ail, on ajoute le sel, le poivre et l'huile d'olive légère et fruitée. La remuer ou la "fatiguer" au dernier moment.

Ne pas oublier le proverbe : "carto, femo e ensalado soun jamai trop boulegado" - cartes, femme et salade ne sont jamais trop remuées.

Depuis quelques temps une nouvelle salade faisant recette a fait son apparition. Il s'agit d'une salade servie avec du chèvre chaud.

Salade aux fromages de chèvre chauds

La plus facile : Couper des morceaux assez gros de fromages chauds dans la salade

Plus jolie : après avoir fait chauffer 10' au four un ½ fromage (coupé dans le sens de la hauteur) sur une petite tranche de pain arrosée d'huile d'olive, le poser sur la salade. Surveiller que le fromage ne fonde pas trop et saler, poivrer et tapenader, pourquoi pas, le fromage.

Salades sauvages

Savoir les reconnaître est primordial. Au printemps, à la campagne les provençaux se régalent de doucettes, pissenlit, raiponce, chicorée sauvage.... Et si l'épluchage est long, rien ne vaut une promenade dans les champs, et une bonne salade après !....

Salade de fèves

Fèves (plus grosses que celles que l'on mange au sel)
2 kg avec cosses
échalottes ou cébettes
huile d'olive, sel
sarriette

Ecosser les fèves. Faire cuire 5' les graines ou fèves. Laisser refroidir. Enlever la peau de chaque fève (c'est facile: en pinçant chaque fève entre le pouce et l'index, la peau glisse. ne pas écraser! c'est un coup à prendre!..) et préparer dans un tout petit saladier les fèves avec huile d'olive, sel, échalottes ou cébettes. Un brin de sarriette à la cuisson réhausse le goût.

Salade de pois chiche

Vos pois chiche très bien cuits, vous les les garder dans l'eau tiède ou chaude.

Les servir égouttés chauds dans un saladier dans lequel vous aurez préparé huile d'olive, petits oignons (ou cébettes) coupés en menus morceaux, et du sel. Si vous n'avez pas de cébettes l'échalotte fera l'affaire.

Il existe d'excellentes boîtes de Pois chiche. Les rincer et les faire chauffer à l'eau.

Variante : On peut y ajouter des petits morceaux de harengs à l'huile! C'est délicieux.

Les Terrines

Terraïeto

Nom provençal désignant les petites poteries de di-
nette d'autrefois. Aujourd'hui ce sont des petits pâtés
individuels.

12 foies de volaille
1 oignon hâché
200gr de mie de pain trempée dans du lait
1 œuf
Thym, sel, poivre et si l'on aime le genièvre
prendre 8 baies et les écraser.
Faire saisir les foies, délivrés de leur filament.
Faire fondre l'oignon, la mie de pain.

Passer le tout au presse-purée, ou au
mixer. Y ajouter les herbes et l'œuf entier. On
peut y ajouter un peu de crème. Remplir les
petites terrines et consommer (impérativement dans
les 36 heures) bien frais.

Si vous voulez les faire cuire : 30' au four,
et l'on pourra ainsi les manger plus tard.

Terrine de porcelet au genièvre

bardes de lard
échine : 300 gr
filet : 350 gr
poivre : 1 cuillerée à café
thym : 1 cuillerée à café
sel : 2 " " "
genièvre : 1 cuillerée à soupe
persil : 3 cuillerées à "
cerfeuil : 1 cuillerée à "
alcool de genièvre : 1 petit verre à liqueur
vin blanc sec : 1 grand verre
œuf : 1

Hacher grossièrement les viandes. Les faire mariner avec l'alcool et le vin pendant quelques heures.

Prendre une terrine, la barder de lard au fond et sur les côtés. La remplir du mélange et finir par une barde. Mettre le couvercle en le lutant. (Il s'agit de mettre, à l'extérieur, autour du couvercle, une pâte que l'on aura travaillée dans un bol, faite d'un peu de farine et d'eau et qui agira comme une colle).

Cuire au bain-marie au moins 1h. Refroidir et servir avec une sauce ou non, et des cornichons.

Terrine de blettes

blettes : 3 bottes
épinards : 1kg 500
porc : 250 gr d'échine de porc
poitrine fumée : 30 gr
oignon : 1 - ail : 2 gousses
œuf : 1
basilic : 1 pot - persil, sel, poivre, huile d'olive

Cuire les épinards et les verts des blettes dans de l'eau salée, après y avoir mis les 2 gousses d'ail écrasées, pendant 5'. Le blanc des blettes devra cuire 20'. Égoutter et essorer. D'autre part passer au mixer le basilic, l'oignon et le persil. Hacher la poitrine fumée et l'échine de porc. Mélanger à la main le tout : herbes, verts et blancs des blettes, viande, pointe de muscade, et les œufs battus en omelette.

Faire cuire le tout au bain-marie pendant 30' à four modéré. Vérifier la cuisson avec une lame de couteau.

Servir chaud ou froid avec une sauce rémoulade, gribiche, ou mayonnaise, ou un coulis de tomates.

Les Caillettes provençales

Elles se préparent avec du foie de porc, du lard mêlés à des épinards et enrobés de crépines.
C'est un peu long à faire.
Il faut commander le foie de porc et les crépines.

Voici la Recette, mais essayez de goûter chez chaque charcutier leurs caillettes.

On les mange chaudes ou froides

Pour une dizaine de caillettes ou plus :
épinards : 1 kg
foie de porc : 500 gr
crépines : 1 ou 2
lard : 200 gr
genièvre : 10 grains écrasés
vin blanc : 1 verre

Faire cuire les épinards dans l'eau. Essorer. Hacher le tout : viande, lard, épinards, genièvre. En faire de petits tas enrobés de crépine que vous aurez trempeé dans de l'eau tiède (20°)
Mettre les petits tas au four avec le vin blanc. Cuire 1/2 h ou plus.

Tarte à la tomate et moutarde
toujours réussie et toujours très bonne

pour la pâte   : achetée toute préparée
       ou : farine : 250 gr
               beurre : 150 gr
               sel : 1 pincée
               eau

Dans une terrine, du bout des doigts mélangez le beurre coupé en morceaux avec la farine. Vous obtenez du sable épais. Versez alors un peu d'eau jusqu'à ce que votre pâte devienne homogène. Laissez-la reposer une heure. Mais si vous êtes pressée, vous pouvez l'utiliser tout de suite.

pour la garniture : moutarde : 1 pot
                      tomates : 4 ou 5
                      gruyère : 300 gr
                      herbes, thym, sel, poivre, huile d'olive

Après avoir étalé la pâte dans le moule, y disposer tout un lit assez épais de moutarde ; puis dessus des lamelles de gruyère et enfin les quartiers de tomates qui auront été pressées pour éviter l'excédent de jus. On peut y ajouter, ou non, quelques feuilles de thym. Cuire à four chaud 40'.

Servir chaud en entrée. Avec une salade vous aurez un repas léger.

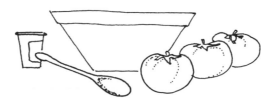

Sardanaille

genre de grosse tarte dont la pâte est faite avec de l'huile d'olive. Très bonne et très nourrissante.

pour la pâte : 400 gr de farine
½ verre de lait
1 verre d'huile d'olive
1 paquet de levure.

pour la garniture : coulis de tomates assez épais
sardines à l'huile en boîte :
1 par personne
câpres, olives noires

Faire votre pâte. Elle est assez déroutante à travailler et à étaler. Prendre un plat à gratin long. Y mettre la boule de pâte au milieu, et de vos doigts l'étaler tout autour. La faire cuire seule d'abord 20'. Pour terminer la cuisson y verser le coulis épais. Placer joliment les sardines, câpres, et olives noires. Servir chaud.

variante : au lieu de mettre ½ verre de lait et 1 verre d'huile d'olive on peut inverser : 1 verre de lait et ½ verre d'huile d'olive. Et si votre huile d'olive est assez forte de goût n'en mettre qu'½ verre.

Tarte à l'oignon

pâte à l'huile d'olive : farine : 250 gr
huile d'olive : 5 cuil. à soupe
eau, sel

garniture : oignons : 1 kg
huile d'olive : 2 cuillerées à soupe
muscade - gruyère rapé
lait : 6 cuillerées à soupe
oeuf : 1

Faire la pâte, mettre en boule, laisser reposer au moins 20'. Faire fondre les oignons coupés très très fins pendant 20'. Ajouter sel, noix de muscade, l'oeuf entier et le lait. Cuire à four chaud 20'. On la mange tiède. L'on peut, si l'on veut, y rajouter olives noires et anchois.

Les Pizzas

à acheter ! Certaines sont délicieuses.

et à faire ..... en suivant le mode
d'emploi des paquets de farine spéciale, ache-
tés dans les super-marchés.

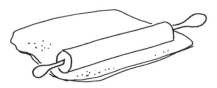

Les Poissons en entrées

Encornets en salade

encornets : 1 kg
oignon : 1
olives noires, tomates, céleri, oeufs durs
huile d'olive, sel, poivre

Nettoyer les encornets, les ouvrir et les couper en lanières.
Les faire cuire soit au court-bouillon 20', soit à la poêle,
dans l'eau qu'ils rendront 15' à 20'. Ils seront meilleurs,
plus goûteux avec ce dernier mode de cuisson. Les égoutter.
En faire une salade, avec les tomates, oignon, céleri, oeufs
durs, ou bien servir seuls en salade, bien frais.

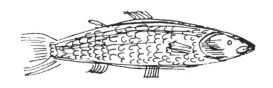

Sardines en escabèche

sardines : 1 kg
oignons : 2   ail : 1 gousse
carottes : 2   farine
vinaigre de vin : 3 dl
thym, sel, poivre, huile d'olive, laurier,
marjolaine.

Nettoyer les sardines, bien les sécher, les fariner très légèrement. Les faire frire à l'huile d'arachide. Au fur et à mesure les mettre sur papier absorbant puis dans une terrine. Dans la même huile faire frire les carottes en rondelles, avec oignons, gousse d'ail non épluchée, herbes et poivre. Verser le vinaigre. (attention aux projections...). Laisser 10' à frissons bouillants. Verser bouillant sur les sardines, après avoir enlevé les herbes (ou non).
Laisser reposer 4 à 5 jours.

Thoïonnade

thon à l'huile : 250 gr
oeuf : 1 jaune
câpres, olives noires, ail (1 gousse)

Passer au mixer le thon avec son huile, les olives dénoyautées, le jaune d'oeuf, les câpres et 1 gousse d'ail.
Mettre en terrine. Servir sur des croûtons de pain, dans des tomates crues, ou remplir des oeufs durs.

Les Sauces

Aïoli

Aucune sauce en Provence n'est plus célèbre. Mais est-il bien une sauce ?

Choisir si possible de l'ail blanc, plus digeste que le rouge.

Choisir une bonne huile d'olive pas trop forte.

Prendre soin que tous les ingrédients, ail, huile, œufs, soient à la même température, celle de la pièce ambiante.

Avoir un mortier en marbre si possible, mais un mortier de bois fera aussi l'affaire, et un pilon en bois.

Avoir du temps devant soi.

Pour 4 personnes :
  ail : 4 gousses dont vous aurez enlevé le germe.
  jaune d'œuf : 1
  huile d'olive : ½ litre

Piler l'ail au mortier avec un peu de sel et de poivre. Lorsque l'ail est en pommade, ajouter le jaune d'œuf. Continuer à piler en remuant d'un geste rond, dans le mortier. Quand cela s'épaissit, verser l'huile en un mince filet. Continuer à remuer sans s'arrêter et verser l'huile petit à petit.

Si votre aïoli est réussi, le pilon, au milieu, doit tenir droit. Servir dans le mortier.

Pour ma part je refuse l'ajout d'un jus de citron.

L'aïoli accompagne les viandes froides, les poissons froids, mais.... c'est surtout le centre du plat provençal par excellence : Le Grand Aïoli à la morue.

(morue p. 108)

Anchoïade

C'est en général une entrée d'hiver : l'anchois donnant soif et le chou-fleur plus facile à trouver.

1 verre d'anchois au sel
1 verre de vinaigre ordinaire
1/4 d'huile d'olive , poivre
Légumes : céleris, tomates, choux-fleur , endives , salades frisées
oeufs durs : 1 par personne

Les légumes seront crus et épluchés : les céleris en bâtonnets, les choux-fleur en bouquets, les salades frisées en feuilles, les endives en bâtonnets, les oeufs durs en gondoles.

Dessaler les anchois sous le filet d'eau du robinet, en enlevant l'arête centrale. Les faire fondre doucement dans une casserole, à feu doux, en remuant. Cela devient une pommade. Ajouter du poivre, et quelquefois du sel.

Goûtez. Une fois refroidie y ajouter l'huile d'olive, petit à petit, à votre convenance. Fouetter avec la fourchette ou mixer.

Présentez dans une saucière, un bol ou un saladier, les légumes autour.

On mange un à un les légumes trempés dans l'anchoïade.

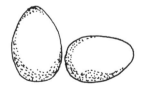

Rouille

Cette sauce accompagne toujours la bouillabaisse, mais elle peut se faire pour d'autres plats avec bouillon.

ail : 2 ou 3 gousses d'ail épluchées

piments : 1 ou 2, ceux que l'on appelle "piments oiseaux", rouges en général, petits, et très forts.

pain : mie de pain rassis ou non

lait : 1 grosse tasse

oeuf : 1 oeuf

huile d'olive, sel, poivre

Écraser au mortier l'ail épluché et les piments entiers. Ajouter la mie de pain trempée dans le lait et pressée. Tout en tournant, ajouter un peu de bouillon. La rouille ressemble à une pommade.

variante : recette la plus usitée : sans pain.
La monter comme une mayonnaise en ajoutant le jaune d'oeuf après avoir pilé l'ail et ajouter délicatement un peu de bouillon.
Pour le poulet au Pastis, on y écrase le foie du poulet sauté et 2 ou 3 grosses tranches de pomme de terre, avec un petit peu de bouillon.

L'un de vos convives, devenu cramoisi, larmoyant, haletant, la bouche ouverte, ne supporte pas le piment trop fort, offrez-lui de la noix de coco râpée qui, telle une éponge, absorbera le piquant.
À défaut un peu ou beaucoup de sel remplacera la noix de coco, sur la langue ......

Raïto ou Raïte

Très vieille recette - peu usitée....   et c'est dommage !

Oignons : 2
Farine : 1 cuiller à soupe
Vin Rouge : 2 verres de vin
Ail : 3 gousses écrasées
Tomates : 6 pelées en morceaux
Câpres : 100 gr
Olives noires : une dizaine
huile d'olive, sel, poivre

Faire roussir les oignons coupés en lamelles dans de l'huile d'olive. Y jeter la farine. Faire un roux avec le vin. Laisser cuire 5' en remuant. Y verser 1 verre d'eau bouillante, les gousses d'ail, les tomates, sel, poivre, laurier. Faire réduire de moitié. Y ajouter alors câpres et olives noires.

Accompagne les poissons, cuits tout d'abord au court-bouillon, puis cuits ensuite 5' dans la Raito.

Voir la recette de "Morue en raïto": Poissons p. 110

Béchamel à l'huile d'olive

Au lieu de faire votre Béchamel au beurre, faites-la à l'huile d'olive très légère.
Elle accompagne alors délicieusement les choux-fleur en gratin, et les aubergines frites, elles aussi en gratin.

Sauce au fromage de chèvre frais

Pour 6 personnes : 1 fromage
1 yaourt
Ciboulette, Cerfeuil

Mélanger le tout.
Servir frais , avec les crudités.

Coulis de Tomates

C'est la sauce la plus indispensable pour accompagner les plats provençaux.
Il faut toujours en avoir sous la main , en
bocaux , en petits sacs au congélateur , ou en boîte.

1 kg de tomates rondes mûres
2 oignons hachés
3 gousses d'ail hachées
1 bouquet de persil haché
huile d'olive , thym , laurier
1 sucre , sel, poivre

Choisir comme récipient une grande poêle à fond
épais , au lieu d'une sauteuse ou d'une marmite à
hauts bords . Le jus s'évaporera plus facilement.
Y mettre 2 cuillerées d'huile et la faire chauffer.
Y jeter l'ail et le persil hachés . Remuer un instant.
Verser une giclée d'eau, ajouter les oignons hachés ou en
rondelles, les tomates pelées (c'est important) et un peu
pressées pour qu'elles aient moins d'eau et pas de graines.
Saler , poivrer, rajouter thym et laurier.

Faire cuire 1 heure sur feu doux . Y mettre entre temps un sucre qui enlèvera l'acidité de la tomate.

Pour ma part je ne passe pas à la moulinette, ni au mixer. J'aime les coulis un peu consistants.

On peut faire de très bons coulis avec les boîtes de tomates pelées que l'on trouve dans le commerce.

Il faut avoir toujours 1 ou 2 de ces boîtes chez soi.

Conserves de Coulis

Proportion pour 10 kgs de tomates
1 kg d'oignon
8 gousses d'ail
5 feuilles de laurier
Thym, Persil : 3 paquets
6 morceaux de sucre, sel, poivre

Utiliser la recette précédente
Mettre en bocaux _ stériliser

Mettre au congélateur en petits sacs. J'en remplis aussi des petits moules à glaçons, et quand je suis seule je me sers d'un glaçon ou deux, pour assaisonner des pâtes, du riz, des oeufs au plat etc .....

Les Oeufs

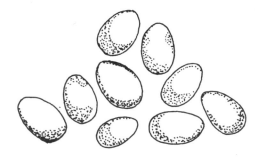

Oeufs à la coque aux truffes

Oeufs : 12 oeufs pour 6 personnes
truffes : 200 gr plus le jus si elles sont en conserve
beurre extra : 150 gr
petite sauce béchamel
Madère : 40

La veille vérifier les oeufs : qu'ils n'aient pas de fê-
lures, et les mettre entiers dans une boîte hermétique avec
les truffes entières.

Le jour dit, peler les truffes, garder les pelures.
Les réduire en purée très fine.

Mélanger la béchamel (50 gr environ) avec le
Madère et le jus des truffes. Incorporer la purée de
truffes à la béchamel. Cuire 4 à 5' en y ajoutant
un peu de beurre et en remuant vivement. Saler et
poivrer.

Cuire les oeufs 3' dans de l'eau salée à ébullition.

Présentation : Enlever le chapeau des oeufs et
retirer un peu de blanc pour former une cavité. Le
blanc n'est pas cuit en général. Remplir la cavité
de purée de truffes. Mettre le reste de la purée dans
un ou plusieurs coquetiers vides. Chacun pourra s'en
servir avant de tremper ses mouillettes de pain de
campagne, grillées ou non.

Vin : la truffe n'aimant que le Rouge, et le jaune
d'œuf ayant une préférence pour le Blanc, choisir
comme bon vous semble.

Les Omelettes

Les Omelettes, en Provence, sont en général plus cuites qu'ailleurs.

L'existence d'un plat bien typique, le "tourne-omelette" ou le "vire-omelette" en témoigne. C'est un plat rond, vernissé, sans bord, avec un pied court et large, que l'on tient bien en main.

Quand un côté de l'omelette est jugé cuit à point, on pose le vire-omelette bord à bord avec la poêle et, d'un coup rapide on retourne le tout. Le vire-omelette permet alors de glisser, sans la casser, l'omelette de l'autre côté.

On la sert brûlante sur ce plat.

On trouve encore de ces "vire-omelette" sur les Marchés d'Aubagne et de la Région, et chez Viguier et Tamisier à Apt.

Les omelettes sont souvent mêlées d'ingrédients : épinards, truffes, moules, artichauts....

rarement nature.

Omelette aux truffes

Je commence par la plus noble des omelettes, mais je vous conseille avant de la préparer de lire la recette de la brouillade aux truffes pour vous permettre de choisir.

4 ou 5 heures avant, ou même la veille, choisir vos œufs :

1 de plus que le nombre de personnes
et 1 belle truffe.

Placer les œufs, non cassés dans une boîte hermétique, avec la truffe entière, bien brossée si elle est encore terreuse. La coquille des œufs, poreuse, laissera passer le parfum de la truffe.

Ne pas faire de trop grosse omelette en une seule fois : pour 6 personnes maximum.

Le moment venu, ouvrir la boîte ... ô délices ....

Si vous disposez de beaucoup de truffes, les couper en rondelles ; sinon les râper.

Pour que les truffes ne touchent pas la poêle, elles se raidiraient, mettre dans un peu d'huile chauffée, les oeufs battus, salés, poivrés. Les faire cuire en soulevant de-ci, de-là, avec une cuiller en bois, sur un feu doux.

Puis lorsque l'omelette est à point, pas trop cuite, pas trop baveuse, répartir en les enfonçant légèrement les truffes. Attendre qu'elles chauffent un peu.

Replier l'omelette, enfermant ainsi l'odeur des truffes. Eteindre le feu. Servez brûlante.

Dégustez, et ne parlez plus ....

Omelette aux Epinards

facile
30'

Lait : 3 cuillers à soupe
Epinards : 200 à 300 gr. par personne
Ail : 1 gousse par personne
Oeufs : 2 par personne
muscade, sel, poivre, huile d'olive.

Cuire 10' les épinards dans de l'eau bouillante, salée, avec les gousses d'ail écrasées. Les égoutter. Bien les essorer avec les mains. Les couper en gros morceaux (je le fais avec les ciseaux de cuisine). Les faire revenir, avec une pointe de muscade, à la poêle, dans de l'huile. Hors du feu, les mélanger avec les oeufs battus avec le lait. Verser le tout dans la poêle. Cuire 10' très lentement. Retourner avec le vire-omelette et laisser cuire à nouveau 10'. La couleur doit être légèrement roussie.

Manger chaud, arrosé d'un filet de vinaigre que l'on aura fait chauffer dans la poêle,

ou froid, en pique-nique ... ce qui change de la salade de riz .....

Omelette à l'Ail

Très facile
10'

Oeuf : 1 par personne plus 1
Ail : ½ gousse d'ail par personne
Persil : 1 bonne cuillerée à soupe
Huile d'olive, sel, poivre

Chauffer l'huile dans la poêle. Y verser les oeufs battus. Faire cuire doucement en soulevant de-ci, de-là, avec la cuiller en bois. Répartir l'ail haché très finement, ainsi que le persil.

Replier. Servez. La tradition veut que l'ail ne touche pas la poêle, Il prendrait mauvais goût, et que l'omelette ne soit pas baveuse.

Omelette au Thym
même procédé.

Omelette aux Blettes

facile
1h. environ

250 gr de blettes par personne, blanc et vert.
2 oeufs par personne
huile d'olive
1 oignon, 1 gousse d'ail

Faire cuire 5' le vert des blettes
et 20' le blanc des blettes

Mettre dans l'eau 1 oignon et une gousse d'ail.

Hacher le tout, grossièrement. Puis chauffer dans une poêle pour faire évaporer l'eau restante.
D'autre part, battre les oeufs en omelette. Puis mélanger blettes et oeufs et verser dans la poêle huilée.
Faire cuire tout doucement au moins 15' le premier côté, tourner avec le vire-omelette et faire cuire l'autre côté, toujours à petit feu. Elle ne doit pas être baveuse.

Omelette au fromage frais de Chèvre et à la Menthe

facile
10'

3 oeufs par personne plus 1
1 bouquet de Menthe
1 Tomme de fromage de chèvre fraîche

Faire revenir au beurre la motié de la menthe coupée en fins morceaux. Verser dessus les oeufs battus avec le fromage écrasé à la fourchette. Secouer et bien dégager les bords pour que tout cuise. Verser dans un plat, pliée en deux et décorée de feuilles de menthe.

On peut aussi sucrer la préparation au lieu de la saler.

Omelette aux tomates

facile
15'

Pour 4 personnes
5 tomates
6 oeufs
huile d'olive, sel, poivre
1 cuiller à café de persil-ail hachés

Peler les tomates et les faire cuire à la poêle avec huile, sel, poivre, persil, ail. Faire évaporer le jus. Casser les oeufs, et bien mélanger hors du feu tomates et oeufs. Remettre sur le feu. Bien cuire 5'. Servez chaud ou froid

Variante :

On peut y ajouter des olives noires (2 cuillerées hachées), des câpres (2 cuillerées), 5 anchois dessalés, 3 gousses d'ail blanchies et écrasées : le tout haché et revenu dans l'huile. Cette omelette est meilleure baveuse.

Omelette des Moissonneurs

oignons rouges : 1 kg
clous de girofle : 1 par oignon
vinaigre, huile d'olive, sel, poivre
oeufs : 1 par personne + 1

La veille : entailler les oignons . y mettre un clou de girofle . les mettre dans l'eau avec 1 ou 2 cuillerées de vinaigre . Le lendemain, les couper en rondelles, les faire revenir doucement et faire l'omelette en mélangeant le tout .

Brouillade aux truffes

délicat
15'
Beaucoup de personnes la préfèrent à l'omelette.

La veille : préparer les oeufs comme pour l'omelette (p. 45)
Raper la moitié de la truffe que l'on met dans les oeufs. Couper en lamelles minces l'autre moitié, que l'on fait tiédir dans l'huile d'olive, très peu de de temps. Mélanger le tout, oeufs et truffes à l'huile d'olive tiéde. Mettre la préparation dans un plat au bain-marie. Vérifier que l'eau ne puisse entrer dedans.
Faire chauffer en tournant patiemment jusqu'à ce que le mélange prenne et devienne une crème épaisse et baveuse. Verser dans un plat et déguster...
On peut, pour donner plus de moelleux ajouter un peu de vraie crème épaisse

Brouillade aux tomates

délicat
25'

2 tomates par personne
1/2 verre d'huile d'olive
1 ou 2 œufs par personne
100 gr de gruyère, thym, ail, pain rassis

Faire revenir les tomates à l'huile dans la poêle. Bien faire évaporer. Y ajouter du thym, de l'ail écrasé et des petits morceaux de pain rassis écrasés.

D'autre part, battre les œufs en omelette, saler, poivrer, ajouter le gruyère rapé, et remuer. Verser sur les tomates. Bien remuer le tout.

Servir brûlant
ou glacé en hors d'œuvre.

Gratin d'Œufs durs

facile
20'

Voici un gratin tout simple, bon, nourrissant et économique, qui se sert en entrée fine .... et pour les fins de mois de familles nombreuses ... en plat unique avec du riz.

6 œufs durs
4 anchois au sel dessalés
1 poignée de câpres, du persil
une sauce béchamel

Couper les œufs durs en 2 dans la longueur.
Piler les anchois dessalés, les câpres bien essorées, le persil haché. Préparer de la béchamel à l'huile ou au beurre. Ajouter les jaunes d'œufs aux anchois et aux câpres. Lier le tout avec un peu de sauce. Remplir les blancs d'œufs de cette préparation.

Prendre un plat à gratin. Y verser un peu de béchamel. Ranger les œufs et recouvrir de béchamel. (quelquefois je mets aussi des câpres dans la sauce)
Au four doux. Servir chaud.

Idées pour servir des Oeufs au plat

Il vous reste de la ratatouille, de la bohémienne, servir des oeufs au plat dessus.

Sur des pommes de terre cuites, sautées à la sauge, casser des oeufs, après y avoir préparé des petits nids.

N'oubliez pas les Briks aux oeufs, mais ceci fera l'objet d'un prochain recueil de Recettes d'Afrique du Nord......

Le Crespéou

C'est une succession d'omelettes aux légumes, mises les unes sur les autres et servie froide.
Convient parfaitement au milieu d'un buffet froid, ou pour un repas léger, servie avec une salade. Gros travail. Gros succès !

Pour 10 personnes : 20 oeufs
artichauts : 4
aubergines : 2
tomates : 4
oignons blancs : 4
poivrons verts : 2
poivrons rouges : 2
Tapenade, basilic, thym
ail : 2 gousses
persil, sel, poivre, huile d'olive

Chaque légume, mixé sera mélangé avec 2 oeufs battus en omelette.
Les poivrons grillés seront coupés en dés ou mixés. Les

battre avec 2 oeufs entiers. Mettre les verts dans une assiette en attente, et les rouges dans une autre assiette.

Les artichauts : couper les feuilles au niveau du fond. Couper le fond en quartiers, faire cuire 25' dans la poêle avec l'huile d'olive et du thym, très doucement. Puis mixer, mélanger aux 2 oeufs et mettre en attente.

Les oignons seront revenus avec du thym, du laurier et de l'huile d'olive, puis battus avec les 2 oeufs et mis de côté.

Les aubergines non pelées seront d'abord revenues coupées en dés dans de l'huile d'olive pendant 20' avec 1 gousse d'ail. Puis battues avec 2 oeufs et mises en attente.

Tapenade : 2 cuillerées à soupe battues avec 2 oeufs et mises en attente.

Persil haché fin, mélangé avec 2 oeufs et mis de côté.

Maintenant vous allez faire vos omelettes dans une poêle de 20 cm de diamètre environ, les unes après les autres. Elles auront toutes été salées, poivrées et seront cuites à l'huile d'olive.

Elles seront les plus plates possible, un peu baveuses, et empilées les unes sur les autres, soit dans un plat, soit dans un moule haut. Bien tasser. Alterner les couleurs, c'est beaucoup plus joli. Servir froid le lendemain.

On peut couper le crespéou en tranches, ou en quartiers comme un camembert.

Le mélange de tous ces légumes est un délice.

Vous pouvez en rajouter d'autres, à votre fantaisie.

Servir avec des olives noires et vertes.

Les Soupes

Le repas du soir commence toujours par de la Soupe. "la soupo tapo un trau", la soupe bouche un trou.

Toute soupe en Provence s'orne d'une arabesque d'huile d'olive dans la soupière, ou dans l'assiette, ou dans les 2.

Il y a des soupes très élaborées, telle la "bouillabaisse", et très simples telle "l'aigo boulido", l'eau bouillie qui sauve la vie. Nous commencerons par celle-là

L'Aigo boulido

Très facile
15'

Chaque famille a sa recette

eau : une casserole pleine . 1 l. (4 à 5 personnes)
ail : 5 ou 6 gousses d'ail épluchées, coupées ou non
sauge : une branchette
laurier, sel, poivre, thym

Faire bouillir tout ensemble 15'. Servir dans des assiettes creuses sur du pain grillé.

Autour de cette recette très simple se sont greffées plusieurs variantes.

1. 1 litre d'eau salée, avec une rasade d'huile d'olive
    4 à 5 gousses d'ail non épluchées, écrasées
    Faire bouillir eau et ail . Eteindre le feu.
Y ajouter une branche de sauge, du thym , 1 feuille de laurier, laisser infuser couvert 10'. Réchauffer, verser dans les assiettes où seront préparés pain grillé, fromage de Gruyère rapé, et un filet d'huile d'olive.

2. 1 litre d'eau salée
    ail : 5 ou 8 gousses non épluchées, écrasées
    sauge : une branchette
    thym : une branchette
    laurier : une feuille
    sel, poivre, huile d'olive.
    Faire bouillir 10'. Passer le tout au presse-purée, dans la soupière où l'on aura mis un jaune d'oeuf. Verser bouillant dans les assiettes où seront prêts, du pain grillé au four et frotté d'ail, du gruyère rapé et un filet d'huile d'olive.

3. au lieu d'un jaune d'oeuf mettre dans la

soupière un restant d'aïoli. Verser le bouillon brûlant. Délayer et manger avec du pain séché au four.

Cette dernière recette est exquise, mais elle n'est pas aussi digestive que les autres. J'ai oublié de vous dire que l'aigo boulido est très stomachique. Elle calme les douleurs d'estomac. Elle est toujours la bienvenue les lendemains de fête, le 1er Janvier par exemple !...

Soupe à l'os

facile
1h.

Garder l'os du gigot que vous avez mangé à midi.

carottes : 5
poireaux : 2
pomme de terre : 1
navet : 1
céleri : 1 ou 2 branches
ail : 6 gousses
sel, poivre, huile d'olive.

Dans un litre et demi d'eau froide, mettre l'os à bouillir. Ecumer, saler, poivrer. Cuire une heure. Ajouter tous les légumes.

Compter 1 heure après l'ébullition revenue.

Passer ou servir tel quel.

Garder l'os qui servira une seconde fois. Ce sera la dernière et la meilleure !

Soupe courte

facile
30'

On la faisait autrefois les jours de gros travaux, jours de lessive par exemple.

tomates : 5
oignons : 2

ail : 2 gousses

laurier, thym, huile d'olive, sel, poivre

Faites revenir tomates, oignons, dans un peu d'huile. Une fois le jus rendu, y ajouter l'ail écrasé, épluché, le thym et le laurier. Saler, poivrer

Faites bouillir 5'

Y ajouter des pâtes à potage, ou vermicelles.

Soupes de courge page 85
Soupes de courgettes

facile
10'

1.

courgettes : 1 kg, 500 épluchées ou non

eau : 2 litres d'eau

3 bouillons Kub, sel, poivre

gruyère : 150 gr ou "vache qui rit"

Faire bouillir les courgettes coupées en morceaux 5', y jeter 3 bouillons Kub, cuire 5', et le fromage râpé. Passer le tout au mixer. Assaisonner

Servir glacé l'été.

2.   pour 6 personnes

courgettes : 8 petites bien fraîches, coupées avec leur peau.

huile d'olive : 3 cuillerées

pain rassis : une poignée

ail : 3 gousses _ eau : 1 litre

Faire revenir les morceaux de courgettes à l'huile jusqu'à ce qu'elles soient transparentes.   Y ajouter le pain écrasé, les herbes, verser l'eau bouillante.

Mixer, ou passer au presse-purée.

Servir chaud ou glacé.

On peut délayer un petit aïoli au fond de la soupière.

Soupe de tomates au basilic

facile
30'

pour 4 personnes
tomates : 500 gr , pelées, coupées, pressées.
carotte : 1
poireau : 1 petit Ne pas l'oublier.
échalotte : 1   ail : ½ gousse
basilic haché : 2 cuillerées à café
eau : 1 litre

Hacher carotte, ail, poireau, échalotte. Les faire revenir, à couvert, dans de l'huile. Ajouter ensuite les tomates. Mouiller avec l'eau. Cuire 30' sans couvercle.   Mixer le tout. Y ajouter au moment de servir basilic haché et glaçons. Décorer de feuilles entières de basilic, dans la soupière, ou en bol individuel. Servir glacé. Exceptionnel de finesse.

Soupe au piston

En donnant cette recette je tremble un peu. Cette soupe semble sacrée. Chaque ménagère en parle avec fougue, discutant de sa recette, la plus vraie, la meilleure !... Est-elle de gênes ? de Nice? y met-on du parmesan ? du gruyère? du hollande ? les 2 à la fois ? Pommes de terre ou non ? poireaux ? basilic à petites feuilles ou grandes feuilles ? Piston vient du mot provençal pilon.

Voici ma recette, sans poireaux, sans parmesan, avec du basilic à petites feuilles. Elle régale la maisonnée depuis longtemps. Il vaut mieux en faire beaucoup. S'il en reste, elle se mange froide. On peut la mettre au congélateur.....
Pour 6 personnes

une grande bassine (fond épais) : 5 l. d'eau
haricots blancs , cosse blanche : 1 kg
haricots rouges , cosse tachetée : 1 kg
rouge et blanc
haricots verts : 500 gr
tomates : 5
pommes de terre : 3
courgettes moyennes : 4
carottes : 2
oignon : 1
200 gr de pâtes . Je choisis les pâtes pour soupe de poissons : petits coudes creux.

    Si vous ne savez pas choisir vos haricots, votre
primeur vous aidera avec joie.
    Pour le piston : 1 pot de basilic à petites feuilles
ail : 10 gousses
gruyère : 200 gr
hollande : 200 gr
huile d'olive, sel, poivre
On peut y mettre aussi du
concentré de tomates en tube.

Un matin de bonne heure ....
    Faire bouillir l'eau , salée, poivrée . y jeter
les grains de haricots .
    20' après, mettre les autres légumes coupés en
petits dés . Ne pas couper ni peler 2 courgettes, les mettre entières dans l'eau .
    Faire cuire 2h 30 environ . Remuer le fond
de temps en temps avec la cuiller en bois, en écrasant les courgettes, ce qui donnera du liant à la soupe.
    20' avant 3h de cuisson totale jeter les
pâtes : 1 poignée ou 2 selon que vous l'aimez épaisse
ou non.
    Pendant que cela cuit , préparer votre piston.
    Ecraser au mortier 10 gousses d'ail (germe
ôté), les feuilles de basilic, le gruyère, le hollande, coupés
en lamelles (et non râpés) . Piler le tout patiemment,

pour obtenir une pâte ou pommade, qu'il faut arroser de temps en temps de 10 cuillerées d'huile d'olive. Lier le tout avec un peu de bouillon de la
soupe. Verser dans votre marmite bouillante, é-
teindre le feu. Cela ne doit plus bouillir. Servir.

   A sa convenance, on peut mettre le piston
moitié dans la soupière, moitié dans le mortier.
Chacun peut encore se servir pour son assiette.

Soupe de lentilles

facile
30'   On ne trie plus les lentilles. On ne les fait plus
non plus tremper.

   Compter 250 gr par litre d'eau et pour 3
personnes. Les faire cuire avec oignon, 2 clous de girofle, 2 gousses d'ail écrasées, 1 feuille de laurier,
à la cocotte minute 25'.

   Les passer au presse-purée, ou au mixer.

   Servir avec des croûtons frits à l'huile et une
petite giclée d'huile d'olive dans les assiettes.

Soupe de pois chiche

   Une fois les pois chiche cuits, faire revenir
à part 1 poireau coupé en morceaux 3 tomates dans
un peu d'huile. Mélanger cette préparation avec les
pois chiches et leur eau. Passer le tout au presse-
purée ou au mixer.

   Servir avec des croûtons frits.

Soupe d'épeautre

longue
3h,½, L'épeautre est une céréale ressemblant au blé. On le trouve toujours dans les épiceries de Haute Provence. Par ces temps de produits naturels, il redevient à la mode. Je n'emploierai pas le mot bio-logique, car ce terme est complètement détourné de son sens. La biologie est la science des êtres vivants, et des lois de la vie. Alors que veut dire une carotte ou un miel biologiques ? Enfin passons et revenons à nos grains d'épeautre.

épeautre : 1 poignée par personne
un os de gigot
un missoun : sorte de grosse andouillette que l'on trouve l'hiver surtout, dans toutes les boucheries de Haute Provence.

ail : 3 gousses
oignon : 1 piqué de 2 clous de girofle
poireau : 1 gros
céleri : 3 branches
carottes : 3
navet : 1
thym, laurier, sel, poivre en grains

Mettre l'os et le missoun à l'eau froide. Faire bouillir à petits bouillons en écumant. Ajouter les légumes coupés en morceaux et 1 poignée d'épeau-tre par personne. Laisser cuire 3h½, ou en cocot-te minute 35 à 45'. Servir tel quel, avec de la mou-tarde pour le missoun.

L'épeautre bien cuit donne à la soupe un crémeux onctueux.

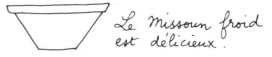

Le missoun froid est délicieux.

Soupe de poissons

1h.

poisson : 1 kg de poissons de roche vidés et
écaillés et coupés en morceaux
vermicelles ou coudes : 200 gr
tomates : 4
crabes : 5 ou 6
poireaux : 2
oignons : 2
ail : 2 gousses
fenouil : 1 petite branche
écorce d'orange sèche : 1 morceau
thym , laurier

Faire revenir poireaux, oignons, ail, tomates
pelés, aromates dans de l'huile d'olive.
Verser 2 litres d'eau. Ajouter alors le
kg de poissons et les crabes. Faire cuire 15' très fort.
Passer au presse-purée. Faire bouillir et jeter dedans les vermicelles.
Servir bouillant sur des croûtons à l'ail,
avec, ou non, un peu de rouille, mais attention, qu'
elle ne soit pas trop forte, elle enlèverait le goût du
poisson. (sauce p.39)

Soupe de poissons de Palavas

plus compliquée
1heure
Je donne cette recette excellente. Palavas
ne se trouve pas en Provence, mais en Languedoc.
Tant pis, on est gourmand ou pas !....
poisson : 500 gr de poissons de roche
toutes sortes de légumes, comme pour un
pot au feu, excepté choux et navets, mais 2 carottes, 2 poireaux, céleri, oignon, tomates.

Faire roussir, dans de l'huile d'olive tous les légumes coupés en morceaux. Jeter les poissons dedans, et tourner le tout. Couvrir avec de l'eau. Faire bouillonner 3/4 d'heure.

Passer le tout à la moulinette. Jeter le vermicelle. Servir avec des croûtons.

A propos de Languedoc, n'oubliez pas de goûter les tielles de Sète. Ce sont des sortes de petites tartes couvertes, avec des calamars à la sauce piquante. On en trouve de plus en plus. Demandez à votre poissonnier. Une tielle et une salade, c'est un repas ....

Soupe de crabes ou favouilles

1h ½   800 gr de crabes verts vivants
oignon : 1 haché
ail : 2 gousses épluchées, hachées
tomates : 4 pelées, en morceaux
bouquet garni . huile d'olive : 3 cuil.

Laver très soigneusement les crabes à grand jet d'eau. Faire chauffer l'huile d'olive dans une sauteuse. Y jeter les crabes vivants. Les tourner jusqu'à ce qu'ils deviennent rouges. (Pour ne pas avoir de problèmes de conscience pensez à votre soupe .....) Y mettre oignon, ail, tomates. Tourner, mouiller d'eau salée et poivrée et faire cuire 1h. environ. Écraser au pilon, passer au presse-purée costaud et au chinois. Servir bouillant sur des croûtons à l'ail, avec ou sans rouille.

le Revesset

Région de Toulon

préparation 15'
cuisson 25'

On emploie des petits poissons, tels les petites sardines ou les bogues.

250 gr de blettes
250 gr d'épinards
quelques feuilles d'oseille
1 kg de poissons

Dans une marmite, mettre dans 2 litres d'eau le vert des blettes, les épinards, l'oseille et 1 gousse d'ail. Faire cuire 10' et hachez. Ajouter le poisson qui ne doit pas cuire plus de 15'. Disposer des tranches de pain dans les assiettes. Servir séparément bouillon et herbes hachées, et poisson.

La Bouillabaisse

a l'origine ce n'était qu'une soupe de pêcheurs, soupe de famille, avec plusieurs poissons. Depuis quelque temps on y ajoute langoustes et autres crustacés.

Une présentation s'impose : les poissons d'un côté, le bouillon de l'autre. Libre à chacun de tout mélanger dans son assiette !...

Deux sauces : l'aïoli ou la rouille, à la discrétion de chacun. Mais il ne faut pas en mettre trop pour ne pas altérer le goût du poisson. (aïoli p. 37 et rouille p. 39)

Bouillabaisse

7 à 8 personnes

poissons : 4 kg . Plus il y aura d'espèces, plus il y aura de goût : rascasses, vives, grondins, crabes, sars (attention aux nageoires piquantes de certains poissons) Faire le tri entre poissons à chair ferme ou à chair tendre.

ail : 6 gousses non épluchées et écrasées
oignons : 3
tomates : 4
½ verre d'huile d'olive
thym, laurier, fenouil, persil
1 morceau d'écorce d'orange sèche
safran en poudre, ou pistil (le meilleur)
sel, poivre

Dans une grande marmite, disposer les oignons les gousses d'ail, les tomates pelées, le thym, laurier, fenouil, persil, écorce d'orange.

Les poissons à chair ferme, seront mis dessus, coupés en morceaux.

Arroser du ½ verre d'huile d'olive, sel poivre. Verser de l'eau bouillante et faites partir très vivement l'ébullition pendant 5'.

Mettre ensuite le poisson à chair tendre. Cuire 5'. Mettre le safran. Retirer du feu. Servir sur des croûtons frits avec rouille ou non, Mélanger dans l'assiette bouillon et poissons, ou non.

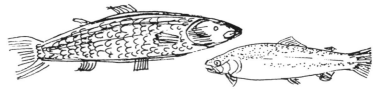

autre bouillabaisse avec pommes de terre

3 kgs de poissons de Méditerranée
1 verre d'huile d'olive
tomates : 6 pelées
pomme de terre : 1 par personne
safran, bouquet garni, sel, poivre

Vider et parer les poissons. Les faire mariner 2h avec huile d'olive, safran, bouquet garni. Les remuer de temps en temps.

Les couvrir d'eau froide, dans une marmite. Saler, poivrer, ajouter les tomates, et de grosses tranches de pommes de terre ainsi que l'huile de la marinade. Porter vivement à ébullition pendant 10'. Quand les pommes de terre sont cuites, la cuisson est terminée. Arrêter le feu.

Servir les poissons dans un grand plat en liège, et le bouillon et les croûtons à part. Dans votre assiette, mélangez, ou ne mélangez pas ....

Bouillabaisse de morue voir morue p.109

Bouillabaisse d'épinards voir légumes p.92

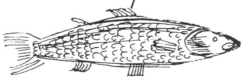

Pour vos réflexions
et vos notes

Les Pâtes

Bien pratiques, nourrissantes et délicieuses, n'oubliez pas les pâtes fraîches, ou non, soit en accompagnement, soit en plat unique.

Cuites dans beaucoup d'eau salée et bouillante dans laquelle on aura mis 1 feuille de laurier et une raillade d'huile d'olive.

Pâtes au piston

pâtes fraîches : 100 gr par personne au maximum
ail, basilic, gruyère, sel, poivre, huile d'olive
Piler l'ail et les feuilles de basilic avec l'huile d'olive.

Les pâtes, une fois cuites, mélanger cette préparation. Rajouter gruyère ou parmesan.

Macaronade

Accompagnement de la daube. Ce sont des macaronis cuits à l'eau et mis au four pendant 10' avec le jus de la daube.
voir p. 125

Macaronis aux anchois

anchois : 6 ou 7 dessalés
coulis de tomates
macaronis
sel, poivre, huile d'olive

Cuire les macaronis

d'autre part, faire fondre dans une casserole, avec, l'huile d'olive, les anchois. y ajouter le
coulis.

mélanger le tout et servir avec du gruyère.

Gratin de lazagnes aux aubergines

aubergines 500 gr
lazagnes : selon la taille de votre plat
coulis de tomates
sel, poivre, huile d'olive

Dans un tian huilé, ranger les lazagnes
cuites à l'eau, et les langues d'aubergines frites.
napper de coulis.
mettre au four 20'
On peut rajouter un peu de crème pour
atténuer le goût fort des aubergines.
napper de gruyère.
Servir chaud.

voir aussi Pâtes fraîches aux
aubergines p. 78

Les Légumes

J'aborde un chapitre abondant. J'ai peur de m'y perdre. Les légumes de Provence sont nombreux et délicieux. Le soleil, le sol diversifié, l'irrigation ou non, le long savoir des paysans, en font des aliments merveilleux, excellents pour la santé.

Je n'insisterai pas assez pour dire qu'il vaut mieux les manger en leur saison, quand les banastes du marché débordent de tomates, d'aubergines luisantes, de courges ou d'épinards vert foncé.

A l'heure actuelle, pendant toute l'année le "progrès" nous offre des légumes qui n'en peuvent plus. Il suffit de ces regarder. Tout enflés, trop gonflés, forcés sous des serres perfectionnées, ils ont perdu leur saveur. Epuisés, desséchés par un trop long voyage, ils terminent leur vie en "promotion". Peut-être est-ce, après tout, le rêve de tout artichaut violet "provenance : Egypte"..... ?

Il y a quelques années d'autres légumes, appelés "biologiques" ont fait leur apparition. Leur naissance fut difficile. Pleins de vers et très chers, ils terminaient leur vie dans de vagues bouillies alimentaires, sur les étagères de leur propriétaire-jardinier ébranlé dans ses convictions. Vaut-il mieux protéger le ver ou le fruit ?

Aujourd'hui ces légumes deviennent même attrayants, en même temps que la bonne mine revenue du vendeur. Tous les deux ont retrouvé goût et santé, et tout est bien qui finit bien.

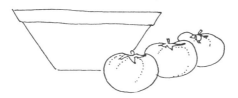

Plats de légumes mélangés

A tout Seigneur tout honneur **l'ail**

L'Ail blanc, dont les têtes sont plus petites, se conserve mieux et son parfum est moins fort.

L'Ail rouge (les pelures sont violacées) se conserve bien. Son goût est très prononcé.

Pendu en bouquets, ou en tresses, l'ail se conserve tout l'hiver dans un endroit frais et bien aéré.

Pour une meilleure digestion, lui enlever son germe. La tête d'ail a plusieurs gousses ou grains.

Ail nouveau au four

2 têtes d'ail par personne.

Huile d'olive, sel et poivre.

Laver les têtes, ne pas les éplucher, les mettre dans un plat huilé, à four chaud 30'. Arroser de temps en temps d'eau chaude, salée et poivrée.

Manger autour d'un rôti, d'un gigot.

Purée d'ail

Faire cuire une vingtaine de gousses d'ail épluchées (ou non) pendant 10' dans de l'eau. On changera l'eau au bout de 5'.

Une fois tendres, sortir les gousses de leur épluchure et les piler.

Ajouter un peu d'eau de cuisson ou de crème.

Parfait accompagnement pour les gigots ou rôtis de porc.

Artichauts

En général violets au printemps. On les mange crus en vinaigrette. Mais il est un plat particulièrement long à faire mais délicieux. Ce sont les artichauts à la Bérigoule, du nom d'un bon champignon. En effet on cuisine les artichauts de la même manière que ces champignons qui poussent du côté d'Arles.

Le bérigoule a donné son nom aussi à des chapeaux que portaient les arlésiens avant la Révolution, et qui ressemblent aux champignons et au cœur d'artichaut vidé et aplati.

Artichauts à la Bérigoule
ou Barigoule

2 manières

1. Façon Luberon-Sud. Lourmarin en a fait sa spécialité.

        petits artichauts violets : 3 ou 4 par personne
        ail : 1 gousse pour 3 artichauts
        huile d'olive, persil : beaucoup.
        pas de thym, sel, poivre

Éplucher les artichauts de façon à ce qu'il ne reste que le cœur, avec les feuilles coupées autour. Les citronner, les mettre dans l'eau froide. attendre.

Préparer une farce avec l'ail et le persil très finement hachés. Remplir les cœurs d'une bonne cuillerée de farce et les placer à plat dans une cocotte en versant sur chacun de l'huile d'olive. Fermer la cocotte. attendre 15'. On verse alors 1 verre d'eau froide sur les artichauts et l'on met à cuire très doucement pendant 1h.½. L'eau doit avoir disparu. Servir brûlants. Mettre un peu de persil dans chaque cœur. Ils sont très bons réchauffés, aussi peut-on les préparer la veille. Servir seuls ou avec du riz à l'eau, ou autour d'un rôti.

2. Façon des Alpilles.

Prendre des artichauts plus gros. Les couper en 2, après les avoir bien parés et conserver le cœur avec les feuilles coupées à 1cm de hauteur. Citronner et mettre dans l'eau.

Hacher les oignons (1 pour 4 artichauts). Les faire cuire lentement dans une cocotte avec un verre d'huile d'olive. à la fin de leur cuisson ajouter 3 tomates pelées, les gousses d'ail (1 pour 4 artichauts), sel poivre, 1 feuille de laurier. Bien tourner puis mettre les artichauts avec 1 verre d'eau. Fermer la cocotte. Faire cuire 1h.30. L'eau doit avoir disparu, évaporée. Les oignons forment une crème au fond du plat. Servir brûlant.

Artichauts à la Provençale

```
artichauts   : 2 par personne
petit salé   : 150 gr
oignon       : 1 gros
citron       : 1
```
huile d'olive, sel, poivre, vin blanc

Couper le bout des feuilles. Les partager en 2. Enlever le foin et citronner.

à l'huile d'olive faire fondre les oignons hachés avec le petit salé, le sel et le poivre. y verser les artichauts. Laisser cuire doucement 45', avec un minimum d'eau ou de vin blanc. Servir chaud ou froid.

Variante: on peut ajouter toutes sortes de petits légumes printaniers, tels que carottes nouvelles, pommes de terre, pointes d'asperges, tomates....

Artichauts en ragoût

préparation longue
60'

artichauts violets 2-3 par personne
oignons : 2
citrons : 2
ail, persil, huile d'olive, sel, poivre
Pommes de terre nouvelles : même poids que
les artichauts.

Préparer les fonds en enlevant les grosses feuilles.
Couper les autres feuilles à 1cm du coeur, et enlever le
foin s'il y en a.

Faire blondir 2 oignons en lamelles dans la co-
Cotte avec 1 verre d'huile d'olive. Y mettre les artichauts coupés en 2 avec le jus d'1/2 citron. Couvrir
d'eau et faire cuire 30'.

Éplucher les pommes de terre nouvelles et les couper en gros dés. Les ajouter aux artichauts avec
l'ail (3 gousses) et le persil hachés très finement.
Vérifier le niveau d'eau. Elle doit tout couvrir.
Saler, poivrer et ajouter le jus du citron
30' de cuisson.

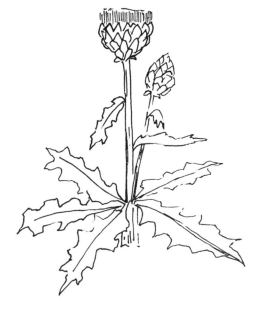

Aubergines

Je préfère les longues, bien violettes. (Plus elles sont violettes plus elles sont mûres)

Il existe d'innombrables recettes

On les épluche, ou on ne les épluche pas

On les fait en général dégorger 1h. C'est-à-dire coupées avec un peu de gros sel pour qu'elles rendent une eau brunâtre et amère.

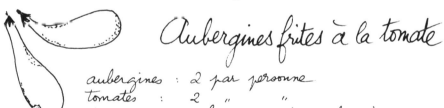

Aubergines frites à la tomate

aubergines : 2 par personne
tomates : 2 " "
ail, oignon, thym, laurier, sel, poivre
huile d'olive

Couper les aubergines pelées en tranches dans le sens de la longueur : tranches épaisses. Les faire dégorger avec du gros sel, dans une passoire, pendant 1 heure. Bien les essuyer. Placer les tranches dans la poêle, une à une. L'huile mise dans la poêle ne doit pas être trop chaude. Les retourner. Elles deviennent transparentes et cuites. Les mettre sur du Sopalin dans une passoire. Faire frire ainsi toutes les tranches. A côté vous aurez fait cuire les tomates pelées et épépinées avec les oignons et les herbes, en laissant bien réduire.

Mélanger alors tranches d'aubergines frites et tomates dans un plat à gratin. Faire cuire 10'.

Servir bouillant, ou glacé, ou en pique-nique.

Pour que les aubergines ne soient pas grasses, l'on remet
un peu d'huile chaque fois dans la poêle, comme pour
des crêpes.

L'opération qui consiste à faire frire les aubergines
est longue.

Aubergines sautées

facile
35'

aubergines : 1 par personne
persil : 2 cuillerées à soupe haché
ail : 2 gousses
huile d'olive, sel.

Couper en dés les aubergines bien fermes et les faire
dégorger. Les essorer dans un torchon pour enlever le
plus d'eau possible.

Dans une poêle à fond large, chauffer l'huile,
et faites poêler les aubergines jusqu'à ce qu'elles deviennent dorées et cuites.

Une fois cuites saupoudrer de sel et d'une persil-
lade (ail et persil).

Peuvent remplacer autour d'une viande les pommes
de terre sautées.

Beignets d'aubergines

aubergines : 1 par personne
pâte à beignets : 125 gr de farine
2 oeufs entiers
1 blanc d'oeuf
1/4 de lait

Préparer la pâte une heure avant.

Les aubergines seront coupées en rondelles, de la
queue au bout, puis dégorgées au sel.

Les tremper dans la pâte à beignets et les faire frire dans l'huile pas trop chaude.

Si vos aubergines avaient trop de pépins, les couper alors dans le sens de la longueur, en petits morceaux très fins.

Daube d'aubergines

1h30

Aubergines : 2 par personne
oignons : 1
ail : 5 gousses
tomates : 4
carottes : 3
céleri : 1 branche
petit salé : 100 gr
vin blanc, laurier, thym
sel, poivre, huile d'olive

Faire revenir dans une cocotte le petit salé, l'oignon puis les tomates pelées, les aubergines coupées avec leur peau, sel, poivre, carottes en rondelles, céleri en morceaux et ail. Mettre le vin blanc et laisser mijoter à couvert 1h30 en surveillant que le fond n'attache pas.

Gigot d'aubergines

facile
1h.30 Les choisir plutôt grosses et bien fermes.
Aubergines : 2 par personne
ail : 1 gousse par aubergine
huile d'olive, sel, poivre.

Peler les aubergines. Faire une petite fente au couteau dans chaque aubergine. Y glisser l'ail coupé en deux, sans germe. Les mettre au four dans un plat huilé. Arroser d'huile d'olive, sel, poivre et laisser cuire 1h30 à petit feu.

Gratin d'aubergines à la Béchamel

aubergines : 2 par personne
Béchamel à l'huile d'olive
Faire frire les tranches d'aubergines que vous aurez fait dégorger.
Eponger avec du sopalin l'excédent d'huile. Ranger dans un plat, couvrir de Béchamel bien poivrée. Terminer par du gruyère. Mettre au four.

variante : ma belle-mère améliorait ce plat déjà savoureux en intercalant entre chaque couche du jambon cuit, du gruyère, de l'aubergine etc....
succès garanti

Papeton d'aubergines

voir flan de légumes
Entrées p.25

Pâtes fraîches aux aubergines

Servir des tranches frites d'aubergines avec du coulis parfumé au basilic, autour de pâtes fraîches.

Tian d'aubergines

aubergines
coulis de tomates, basilic
parmesan et gruyère
Couper les aubergines en tranches sans les peler et les faire dégorger. Faites-les ensuite blanchir à l'eau salée 2 à 3', et séchez-les bien. Aillez soigneusement le tian. Y ranger les tranches d'aubergines et le coulis en alternant. Parsemer de parmesan et de gruyère rapés, ainsi que le basilic haché. Une petite giclée d'huile d'olive et mettez au four 30' ou un peu plus. Peut se manger chaud ou froid.

Tranches au four

facile
15'

aubergines : 2 par personne
thym, laurier, romarin, ail
huile d'olive, sel, poivre

Couper les aubergines non pelées dans le sens de la
longueur. Les mettre à dégorger 1h. avec du gros sel.
Les essuyer, puis les mettre bien à plat dans la lèche-
frite du four. Arroser d'un peu d'huile, parsemer
d'herbes, romarin, thym, ail haché. Saler et poivrer.
Cuire 10'. Servir tel quel autour d'une
viande. On peut y raper dessus du parmesan.

Cardes ou Cardons

Les cardes sont des plantes ressemblant à
des artichauts. Aux approches de Noël, dans les
champs on les voit bien entortillés de paille ou de
plastique avec leur toupet de feuilles.
C'est l'un des plats principaux du gros
souper de Noël.
Quinze jours avant Noël marchés et mar-
chands en proposent abondamment.
Les meilleures sont les cardes courbes "empêchées
de sortir de terre". Elles sont plus tendres.
Chacun les choisit à sa convenance.

Cardes à la sauce blanche

cardes : 1   au plant charnu pour 2 ou 3
personnes - sauce blanche , gruyère
gants si l'on ne veut pas se noircir les
mains.

Séparer les côtes des feuilles . Enlever
les feuilles comme pour les blettes, et couper les côtes en
bâtonnets ou en morceaux de 10 cm . Au fur et à
mesure les mettre dans de l'eau citronnée

Faire cuire les morceaux dans de l'eau
bouillante et salée, dans laquelle on aura délayé
3 cuillerées de farine .

Dès qu'elles sont souples (tout dépend
de leur épaisseur et de leur fraîcheur) les égoutter.
Les placer dans un plat à gratin avec la sauce
blanche . Mettre le gruyère par-dessus . Lorsque celui-ci est fondu , servir .

Cardes aux anchois

Une fois cuites (voir recette précédente) les mettre dans une poêle avec 1 oignon hâché . Les
tourner avec un petit peu de farine. Rajouter de
l'eau tiède et 2 à 3 anchois réduits en pommade.
Laisser mijoter. Pour terminer, lier avec 2 jaunes
d'oeuf délayés dans une petite cuillerée de vinaigre.

Cardons au jus

Une fois cuits , manger les cardons
assaisonnés au jus de rôti , ou nature avec
1 filet de citron.

Carottes

Carottes à la sauge

carottes : 2 kg
oignons verts ou autres nouveaux : 12
sauge : 1 brin
1 bouquet garni
sucre : 2 morceaux
huile d'olive, sel, poivre

Dans une cocotte, faire revenir les carottes coupées en bâtonnets et les petits oignons. Rajouter le bouquet, la sauge
et le sucre et mouiller d'un verre d'eau. Couvrir.
Faire cuire 1 h en remuant souvent, et en les faisant
sauter.

Pour donner plus de consistance on peut y ajouter
des petits pois.

Chou

Il n'existe pas à ma connaissance de recettes
de chou spécialement provençales.

Comme partout il est recommandé de le cuire
en 2 fois dans 2 eaux différentes, pour les estomacs délicats. Et pour l'odeur, il est de tradition de mettre
dans l'eau de cuisson 1 bon morceau de pain. Si
la tradition ne suffit pas, actionner la hotte aspirante,
et si cela ne suffit toujours pas ouvrir les fenêtres !....

Chou à la tomate

chou : 1 , lisse, vert tendre
oignons : 2
ail : 3 gousses
saucisses : 1 par personne
tomates : 1 boite de tomates pelées
huile d'olive, sel, poivre

Faire cuire le chou 10'. L'égoutter en morceaux.
Puis bien le mélanger avec tomates, saucisses et oignons
préalablement revenus dans de l'huile d'olive.
Saler, poivrer, et mettre dans la cocotte ou dans
un plat à gratin. Cuire au four 20 à 30'.

Chou farci aux blettes

chou : 1 frisé
blettes : 300gr de vert
farine : 2 cuillerées
pain sec : 1 poignée (petite)
lait : 1/4
oignons : 2   - thym
oeuf : 1
restes de viande cuite ou chair à saucisses :
200gr , sel, poivre

Blanchir le chou coupé en 4, 10'. Laisser refroidir.

Farce : mélanger la viande, les blettes coupées en
menus morceaux, le lait et le pain trempé, 1 oeuf,
un peu de thym. Bien malaxer le tout à la main.
L'eau des blettes ne doit pas être abondante. Dans
votre cocotte huilée déposer une couche de feuilles,
puis une couche de farce, ainsi de suite. Et terminer par une couche de chou. Mettre le couvercle
et faire cuire 1h ou 1h30. Ajouter, s'il en manque,
un peu d'eau ou de bouillon.

variante ou paquetoun de chou
Faire des petits tas de farce et les placer
dans chaque feuille.
Les ranger dans un plat. Ajouter du
coulis de tomates, et mettre au four.

Concombre

Concombre à la Tapenade
voir Apéritif p. 16

Concombre à la menthe

3 concombres
3 yaourts
2 cuillerées de vinaigre (à café)
1 cuillerée de menthe hachée
ail : 1 gousse
sel, poivre, huile d'olive

Eplucher et couper en 4 les concombres. Oter le centre, couper en dés, et faire dégorger.

A côté mélanger 1 gousse d'ail haché avec le vinaigre. Attendre 5 à 10', et mélanger alors yaourt et huile d'olive. Ne mélanger l'ensemble qu'au moment de servir. Servir très froid. Vous pouvez y mettre des glaçons.

Variantes. On peut mixer le tout ensemble ce qui fait une soupe froide

On peut mettre de l'estragon au lieu de menthe.

On peut remplacer les yaourts par de la crème

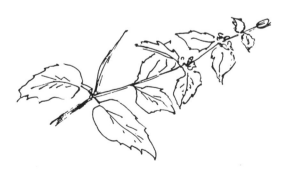

Courge ou Potiron

Elle n'est pas très nourrissante mais si jolie !

Vous pouvez la préparer en soupe qui sera servie dans la courge elle-même évidée. Il faut couper un chapeau sur le dessus de la courge et ensuite l'évider au couteau et à la cuiller ce qui est assez difficile. La soupe se prépare avec les morceaux de courge, des pommes de terre, 2 oignons pour 800 gr de courge et 800 gr de pommes de terre que l'on a fait fondre dans un peu d'huile pendant 5'. L'on couvre d'eau avec 1 feuille de laurier, 1 morceau de céleri, 1 pointe de muscade, sel. Faire cuire 20' puis écraser à la fourchette ou passer au presse-purée. On y ajoute la crème, et l'on verse le tout dans la courge - Attention qu'elle ne crève pas. Le chapeau découpé au début de l'opération sert de couvercle. L'on peut y faire un trou pour placer la louche. Cela se mange bien chaud.

Tian de courge

courge en tranche : 1 kg 500
huile d'olive, sel, poivre, laurier, muscade
oeufs 3 - lait 1/4
ail : 1 gousse
gruyère rapé

Faire cuire vos morceaux de courge avec l'ail haché dans un petit peu d'huile. La courge perdra son eau. Passer alors à la moulinette.

Faire revenir un oignon émincé avec 1 cuiller de farine et 1/4 de lait.

Mélanger le tout, courge et roux, et ajouter 2 oeufs battus en omelette, laurier, 1 pointe de muscade, sel, poivre.

Saupoudrer de gruyère et de chapelure.

Mettre à four doux, et faire gratiner.

Courgettes

Plante ravissante avec ses grandes feuilles et ses fleurs appelant le soleil. Je me demande pourquoi elles ne sont pas plus souvent utilisées en décoration florale.

Les courgettes s'accommodent de mille et une manières, surtout si votre mari, apprenti jardinier en a planté plusieurs plants la première année de sa retraite. Vous en serez débordée et si vous n'avez pas le temps de les cueillir petites, elles deviendront énormes. Mais elles seront toujours bonnes !

C'est aussi la providence des régimes amaigrissants. Les courgettes n'ont presque pas de valeur nutritive, aussi, pour les adolescents et les adultes dans la force de l'âge prévoir à côté riz, pâtes ou pommes de terre.

Courgettes provençales

courgettes : 1 par personne
chapelure : 1 tasse
ail : 3 gousses hachées
persil, sel, poivre, huile d'olive

Tronçonner les courgettes en morceaux de 7 à 8 cm, et les couper en deux. Les faire blanchir 5' à l'eau bouillante, les égoutter, et les placer dans un plat allant au four. Eparpiller dessus ail, persil, chapelure huile d'olive, sel et poivre, en ayant pris soin de les mettre dos à l'extérieur _ Four chaud 10'. Les courgettes peuvent être épluchées ou non. On peut aussi s'amuser à faire des rayures.
Tellement facile !....

Beignets de courgettes

Pâte : 1 heure avant : farine : 200 gr
oeufs : 2 entiers
blancs d'oeuf : 2
lait : 1/2 litre

Préparer la pâte sans les blancs d'oeuf. attendre 1 heure.
Couper les courgettes en rondelles et bien les sécher.
Au moment de faire les beignets rajouter les blancs*, très légèrement avec une spatule en bois.
Tremper une à une les rondelles dans la pâte, puis dans la friture et faire égoutter sur du papier absorbant.
Placez les au four, porte ouverte en attendant qu'elles soient toutes cuites.

* battus en neige

Compote de courgettes à la menthe

courgettes : 1 kg 500
oignons : 3 gros
huile d'olive, sel, poivre
citrons : 3
menthe en branches
coriandre : 10 grains secs

Couper les courgettes non épluchées en petits dés. Les mettre dans une casserole à fond épais avec l'huile d'olive, le jus des citrons, le coriandre, les oignons, sel et poivre.

Faire mijoter à feu doux 15'. Laisser refroidir. Servir glacé avec les feuilles de menthe ciselées.

Crêpes aux courgettes

courgettes : 2 (moyennes)
ail : 2 gousses hachées
farine : 1 cuillerée à soupe
crème : 1 pot
oeuf : 1
sel, poivre

Raper finement les courgettes fraîches avec leur peau. Pressez-les dans un linge pour supprimer l'eau. Mettez les de côté.

Mélanger l'oeuf, la farine, la crème pour obtenir une pâte à crêpes. Y ajouter les courgettes et l'ail haché. Assaisonner.

Faire cuire comme des crêpes. Les mettre au fur et à mesure dans le four ouvert.

Gratin de courgettes aux tomates

courgettes : 1 kg
tomates : 500 gr
viande : 400 gr de farce ou hachis
oeuf : 1
huile d'olive, sel, poivre

Faire fondre oignons et courgettes en rondelles dans la poêle. Puis y mélanger la viande et faire mijoter

Dans un tian mettre courgettes et farce, et recouvrir de tomates fraîches.

Laisser cuire 30'. Servir froid ou chaud.

Tian de courgettes froid ou chaud

courgettes : 1 kg
oignons : 1 kg
sel, poivre, huile d'olive, farine, 2 oeufs
gruyère, muscade

Dans une cocotte faire fondre les oignons en lamelles dans l'huile d'olive. Mettre les courgettes. Bien remuer. Lorsqu'elles sont presque cuites y jeter le gruyère rapé, saler et poivrer. Verser dans un plat à gratin après les avoir bien mélangées avec 1 cuillerée de farine, une pointe de muscade et deux oeufs entiers.

Tian de courgettes au basilic

Préparer les courgettes comme pour la recette ci-dessus mais sans oignon et avec beaucoup de feuilles de basilic coupées en morceaux.

Tian de courgettes à la chair à saucisses

courgettes
oignons
chair à saucisses : 200 gr
thym, laurier, sel, poivre, huile d'olive
gruyère

Faire revenir les morceaux de courgettes avec les oignons. Y ajouter la chair à saucisses en morceaux, le thym et le laurier. Bien faire revenir à la poêle. Mettre le tout bien mélangé dans un plat à gratin. Rajouter un peu d'eau ou de bouillon si cela vous paraît trop sec. Saupoudrer de gruyère et faire cuire 20'.

Beignets de fleurs de courgettes

Pâte : farine 125 gr
huile d'olive : 2 cuillerées à soupe
eau : 1 verre d'eau tiède
noisette de levure de boulanger
œuf : 1 blanc, sel
fleurs de courgettes : 3 par personne

Faites votre pâte du bout des doigts. Y ajouter à la fin le blanc battu en neige. Remuer, soulever plutôt doucement. Laisser reposer 1 heure.

Y tremper une à une les fleurs dont on a enlevé le pistil. Faire frire.

Fleurs de courgettes farcies

fleurs très fraîches : 3 par personne.
De préférence, si vous avez un jardin, choisir les fleurs mâles. (Elles n'ont pas plus de goût, mais elles ne donnent pas de courgettes).

tomates : 6 pour le coulis
courgettes 3 petites
œuf : 1   — chapelure : 2 cuillerées à soupe
citrons : 2   —   ail : 2 gousses
basilic, menthe, persil
huile d'olive, sel poivre

Hacher les herbes et l'ail et mixer le tout avec les 3 petites courgettes. Faire revenir doucement, pour que l'eau s'évapore, cette préparation, à l'huile d'olive dans une poêle. Laisser refroidir. Incorporer ensuite l'œuf et la chapelure.   Faire à part un coulis de tomates.

Garnir chaque fleur de la farce et refermer avec les pétales. Les ranger ensuite dans un plat et mettre à four chaud 20'. Les arroser de bouillon de volaille.

Servir froid ou chaud, avec le coulis et quelques feuilles de basilic ou de menthe.   Grand travail.... grand succès !....

Épinards

Il faut en général 400 gr par personne
Le plat le plus traditionnel est le

Tian d'épinards,

surtout dans le Comtat et en particulier à Carpentras.

pour épinards : 1 kg d'épinards très jeunes
farine : 2 cuillerées à soupe
huile d'olive : 3 cuil. à soupe
½ verre de lait - oeufs durs : 3
ail : 2 gousses - olives noires : une dizaine
persil, sel, poivre

Trier les épinards (moi je n'enlève plus les queues, mais juste les trognons). Bien les laver, les essorer, et les couper en menus morceaux.

Les mettre dans un saladier avec sel, poivre et huile d'olive, lait, ail et persil hachés et farine. Les mélanger avec les oeufs durs et les olives.

Verser dans un tian et saupoudrer de chapelure. Faire cuire 2h à four doux.

On peut ajouter aux épinards du vert de blettes, des fanes de radis .....

Bouillabaisse d'épinards

pour 6 personnes
épinards : 1 kg ½
pommes de terre : 1 kg
ail : 4 gousses
oeufs : 4 (1 par personne)
sel, poivre, huile d'olive

Faire fondre les épinards crus à l'huile. Y ajouter les pommes de terre coupées en 4, l'ail écrasé, le sel, le poivre.

Bien faire revenir en tournant. Puis ajouter
l'eau froide qui devra recouvrir les légumes.
Faire cuire 20'. Pocher les oeufs dans le bouillon. Consommer tout ensemble dans des assiettes
creuses, ou si vous préférez, consommer d'abord le
bouillon et l'oeuf, et ensuite les légumes.

Tian de morue aux épinards
voir Morue p.109

Sardines aux épinards
voir Sardines p.118

Fenouil

Fenouils glacés voir Entrées p.21

Fenouils à la tomate

fenouil : 6
oignons : 1
petit salé
ail : 5 gousses
laurier : 2 feuilles
tomates : 6
vin blanc
sel, poivre, huile d'olive

Faire revenir les oignons en quartiers, avec les
morceaux de petit salé ébouillantés.
Ajouter les fenouils coupés en 2, l'ail, le vin blanc
et les tomates pressées. Saler, poivrer et ajouter feuilles
de laurier. Faire mijoter 1h 30.
Servir froid ou chaud.

Haricots blancs

Navarin de haricots blancs frais

agneau : 1 épaule coupée en morceaux
+ 500 gr de collier (qui donne du goût)
haricots blancs frais : 1 kg écossés
tomates : 4 ou 5
oignons 2 . - ail : 3 gousses
thym, laurier, sel, poivre, huile d'olive

Faire revenir la viande dans l'huile d'olive avec
les oignons pendant 5' en tournant bien de tous les côtés.
Y ajouter les tomates, les herbes et les haricots blancs
frais . Saler, poivrer et faire cuire en cocotte de
fonte 1h ½ , en vérifiant que cela n'attache pas.
Ajouter un peu d'eau . Servir bouillant.

Tian de haricots blancs

haricots : 1 kg de haricots trempés la veille
Cotelettes de porc
ou petit salé
sauge - bouquet garni - oignon
sel, poivre, huile d'olive

Faire revenir les côtes de porc . Les placer au
fond de la cocotte avec huile d'olive et oignon é-
mincé . verser les haricots dessus et le bouil.
lon
Faire cuire 3h ou 40' à la cocotte minute .

Les Haricots verts

au Printemps : Les pois gourmands

choisir 1 kg   très frais
1 oignon
200 gr de petit salé
de la farine
3 jaunes d'oeuf
huile d'olive

Retirer les fils . Pendant 10' les faire
suer dans une sauteuse couverte , dans laquelle vous
aurez mis de l'huile d'olive , le petit salé en morceaux
et l'oignon émincé .

Saupoudrer de farine , mouiller avec ½ litre
de bouillon . Faire cuire . Il ne doit plus rester
de sauce . Servir tels quels ou ajouter 3 jaunes d'
oeuf liés avec du jus .

Haricots verts, en Salade

Les faire cuire poignée par poignée dans de
l'eau bouillante*. ne pas trop les faire cuire . Ils
doivent rester craquants .

Dans la même eau , et en même temps faire
cuire des pommes de terre à l'eau avec leur peau.
Les éplucher ensuite et les couper en rondelles . Les
mêler aux haricots verts chauds et assaisonner
d'huile d'olive et d'une bonne quantité d'ail
pressé et de sel . Servir la salade chaude.
C'est un délice et un repas complet avec une tranche
de jambon ou de viande froide .

* mettre une poignée
attendre que l'ébullition
réapparaisse et remettre
une poignée et ainsi de   suite   . Sans couvercle .

Haricots verts à la tomate

haricots : 1 kg 300
tomates : 3
oignons : 2
persil, sel, poivre, huile d'olive

Dans une cocotte, faire revenir les oignons émincés, puis les haricots. verser 1/2 verre d'eau et laisser cuire 20' avec le couvercle. ajouter les tomates en morceaux. couvrir et faire cuire 30'. le jus ne doit pas être très important.

Se mange froid avec un brin de basilic, ou chaud si l'on préfère.

Haricots verts "Coco plat"

Enlever les fils et écosser ceux qui sont trop gros. Les faire cuire à l'eau bouillante poignée par poignée (Il faut que l'eau bout chaque fois que l'on met une poignée)

ne pas trop faire cuire.

Les égoutter. Les servir avec une noix de beurre persillé ou de l'huile d'olive.

Oignons

On les trouve un peu partout dans les plats.
Blancs pour la salade, jaunes pour les plats à cuire.
N'oubliez pas au printemps les petites bottes de cébettes,
à manger crues, ou à ajouter au dernier moment coupées en petits morceaux.

Oignons farcis à l'ail

oignons : 1 kg
ail   : 6 gousses
sel, poivre, huile d'olive

Dans une cocotte minute faire blanchir les oignons
entiers 4'. y creuser un trou. Mélanger l'intérieur
des oignons avec l'ail coupé ou non, et garnir l'oignon évidé de cette préparation. mettre au four
15' à thermostat 7.8

Oignons au four

oignons blancs : 1 par personne
sauge
laurier
huile d'olive, sel, poivre

Faire blanchir 5 a 10' les oignons et les laisser refroidir.
Faire 2 entailles. Dans l'une mettre un bout de feuille
de laurier, dans l'autre un brin de sauge
Disposer les oignons dans un tian. Huiler et mettre à
four doux pendant 2h.   arroser souvent.
Garniture exquise pour certains rôtis.

Poireaux

Ils sont excellents en automne et en hiver

La sauce aux poireaux avec de la morue

voir morue p. 110

Poireaux en vinaigrette Tout le monde sait les faire.

Poivrons

. Vous en trouverez plusieurs espèces : le petit vert, très cher, pour la salade. Je est très fruité. Et puis les plus gros à chair plus épaisse, rouges, jaunes, verts.....

Poivrons marinés voir Entrées p.24

Poivrons farcis

Farce : 300 gr de chair à saucisses
oignon : 1
pain : 1 bonne tranche
oeuf : 1 jaune
chapelure
huile d'olive, poivre et sel

Passer les poivrons au four et les éplucher. Les remplir de la farce cuite à part. Les placer dans un plat au four, saupoudrer de chapelure et cuire 15'. Ajouter quelques tomates pour obtenir un peu de jus, ou un peu d'eau ou de bouillon.

Pour farcir les poivrons on peut ne couper que le haut du pédoncule. on peut les mettre à plat ou debout comme des colonnes, rayées comme celles de Pouren ....

Pommes de terre

Les pommes de terre de la vallée haute du Calavon sont très bonnes, et celles de la région de Pertuis ont une grande réputation.

En robe des Champs, au four 45', avec un filet d'huile d'olive et du sel '! Quoi de meilleur !...
ou alors
en ragoût avec des olives noires et de l'ail.

Ragoût

Faire revenir olives noires et gousses d'ail non épluchées mais écrasées, avec un peu de laurier. Ajouter les pommes de terre pelées et coupées. Recouvrir d'eau et laisser cuire 20'.

Tian de pommes de terre au genièvre

pommes de terre : 1 kg
genièvre : 20 baies
lard et petit salé
huile d'olive, poivre, chapelure

Ranger dans un plat à gratin huilé des rondelles de pommes de terre, pas trop minces et épluchées.

Écraser ou hacher les baies de genièvre avec le petit salé. Alterner dans le plat une rangée de pommes de terre, une rangée du mélange genièvre, petit salé. Recommencer jusqu'à ce que le plat soit rempli.

Couvrir ensuite d'eau poivrée. Couvrir, ou non, le plat d'une feuille d'aluminium. Faire gratiner avec de la chapelure.

Tian de pommes de terre provençal

pommes de terre : 1 kg
oignons : 300 gr.
tomates : 500 gr
ail, thym, laurier
huile d'olive, sel, poivre

Placer dans un tian une couche de pommes de terre , un peu d'ail pressé, du thym, une couche de toma-
tés et une couche d'oignons . Et recommencer ...
mettre un peu de bouillon si les tomates ne sont pas très
juteuses .

Variantes : On peut ajouter entre les couches des morceaux d'agneau (découvert ou poitrine).

On peut supprimer les tomates

On peut aussi y ajouter des poivrons.

De toutes façons, parsemer pas mal de thym, et
poivrer fort .

autre variante : Faire revenir oignons et tomates comme pour un coulis et répartir ce coulis au milieu
des pommes de terre .

un conseil pour les frites
Dans la "2ème huile" de friture des frites ,
vous pouvez y jeter des gousses d'ail écrasées.

Tomates

Pas de cuisine provençale sans tomates. Malheur à la cuisinière méridionale qui part dans le grand nord !

La meilleure saison des tomates est l'été. Évitez celles d'hiver importées et sans saveur. Préférez leur une boîte de conserve. Vous aurez des tomates pelées, épépinées et quelquefois aromatisées, soit au basilic soit au thym.

Les tomates s'accommodent avec presque tous les légumes, poivrons, oignons, courgettes, aubergines.

Tomates farcies

soit aux courgettes et viande hachée. Le mélange aura été revenu à l'huile d'olive avec un oignon émincé. On en remplira les tomates avant de mettre le tout au four.

soit à la viande ou farce que l'on aura fait revenir à l'huile d'olive et que l'on aura mélangée avec un peu de pain trempé dans du lait.

soit avec de la chair à saucisses revenue avec de l'oignon, la chair des tomates et une grosse cuillerée à café de riz cru que l'on aura mise au fond de chaque tomate.

Attention. De toutes façons creusez vos tomates rondes. Salez l'intérieur. Laissez-les reposer ainsi 30', puis retournez-les sur un papier absorbant, ou une grille pour les égoutter.

Tomates à la Provençale

la vraie recette demande 1h à 1h30 de cuisson

tomates : 2 à 3 par personne

ail, sel, huile d'olive, persil, poivre

Si vous avez le temps je vous conseille de la faire. Mais si vous êtes pressée, faites comme bon vous semble, plus rapidement.

Coupez les tomates par le milieu, et épépinez-les.

Faites chauffer un bon verre d'huile d'olive dans la poêle. Déposez sur la partie vive les moitiés de tomates. Couvrir et laisser cuire 15'. Retournez, hors du feu, soigneusement les tomates. Mettre dessus ail et persil hachés très finement, 1 pointe de sucre, du sel et du poivre.

Remettre ensuite la poêle sur le feu et surveiller la cuisson pendant 1h. La cuisson doit être très lente. Ajouter de l'eau froide, cuillerée à café, par cuillerée à café.

Les tomates seront devenues qu'une bouchée, ratatinées, exquises.

On peut préférer la cuisson au four plus digeste. Y ajouter alors de la chapelure.

Les tomates à la Provençale se conservent très bien au congélateur.

Plats de légumes mélangés
Ratatouille

La ratatouille est l'un des plats les plus célèbres. Chaque maison a sa recette, et chaque recette a son goût particulier.

A vous d'en ajouter d'autres

La vieille tradition veut que l'on cuise tous les légumes séparément. Et en fait c'est le secret du bon goût de ce plat.

courgettes : 1 kg
aubergines : 1 kg 500
tomates : 1 kg 500
poivrons : 1 kg
oignons : 500 gr
ail : 3 gousses

sel, poivre, thym, laurier, huile d'olive

Cuire séparément tous les légumes pelés et les tomates épépinées et pressées, pendant 30' dans l'huile d'olive.

Rassembler les légumes cuits. Y ajouter l'ail, saler, poivrer et faire cuire 30'.

Délicieuse chaude ou froide.

On peut casser des œufs dedans pour en faire un plat plus consistant.

Bohémienne

Ressemble à la ratatouille, mais seules les aubergines et les tomates entrent dans sa confection.

aubergines : 1 kg
tomates : 1 kg
oignons : 2
anchois à l'huile : 8
ail : 3 gousses

huile d'olive : 1 verre
farine : 1 cuillereé
lait : 1/2 verre

Couper en morceaux carrés les aubergines pelées.
Faire dégorger 30'. Peler et épépiner les tomates. Dans
une cocotte faire fondre les oignons coupés en rondelles.
Ajouter les aubergines. Bien remuer. Mettre tomates
et ail et faire cuire doucement en remuant pour
que cela n'attache pas au fond et en écrasant les légumes contre les côtes de la cocotte. Il faut que cela
devienne une pommade. Compter au moins
45', peut-être un peu plus.

A côté, vous aurez pilé les anchois avec la
farine et le lait. Ajoutez ce mélange à la bohémienne. Bien mélanger.

Si vous voulez gratiner, mettez cette préparation au four. Sinon servir chaud ou froid, avec
du gruyère rapé fondu.

Caponata ou Caponate

variante des précédentes
aubergines : 500 gr
poivrons : 500 gr
tomates : 500 gr
oignons : 500gr - vinaigre de vin
olives, câpres, sel, poivre, huile d'olive

Faire d'abord fondre les oignons, puis ajouter les
aubergines pelées et dégorgées. Tout mélanger. Cuire
sans couvrir, saler, poivrer, ajouter les olives.

Une fois cuite ajouter 1 cuillereé de vinaigre de vin
et des câpres - Servir froid ou chaud.

Tous ces plats se gardent très bien au congélateur

Nous parlerons de la Moussaka, plat d'aubergines avec
de l'agneau dans nos fiches méditerranéennes.

Les Poissons

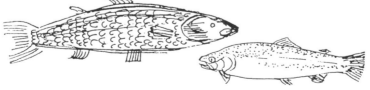

La Morue

a une place importante dans la cuisine du midi. Peu chère, elle permettait ainsi, aux gens peu fortunés de manger du poisson. Présentée en filets salés, elle voyageait sans pourrir. A l'heure actuelle, elle est devenue relativement chère, et le poisson voyage très bien, au frais.

Néanmoins la morue a toujours sa place dans le cœur (ou l'estomac) des provençaux et, aux approches du Vendredi Saint toute épicerie provençale qui se respecte offre à la vente morue dessalée, pois chiche trempés, pour le célèbre aïoli, dont elle est le centre.

Les vrais amateurs de morue la préfèrent sèche, au sel. Choisir alors des morceaux assez épais.

Les filets sous plastique, beaucoup plus pratiques, sont moins bons.

De toutes façons, il faut la dessaler au moins 24 h. à l'avance pour la sèche. 12 h. suffisent pour les filets.

La veille mettre la morue, sans enlever la peau, dans une passoire surélevée, dans une cuvette pleine d'eau (il suffit de mettre au fond de la cuvette un caillou ou une assiette retournée par exemple). La peau sera en haut. Le sel fondu tombera au fond. Changer l'eau 2 ou 3 fois dans les 24 heures (ou les 12 h pour les filets. Egoutter, mettre dans l'eau très froide, et porter à ébullition. Mais attention! la morue ne supporte pas les gros bouillons. Il faut bien la surveiller. Elle ne doit pas bouillir, mais frissonner quelques minutes. Eteindre le feu et la laisser pocher 15' dans l'eau.

La morue a donné naissance à deux grands plats très traditionnels :

Le grand Aïoli
La Brandade

La Brandade

Chaque maison a ses secrets. Reprendre la discussion sur la présence de l'ail ou non serait épuisant et vain. Par contre celle des truffes est à l'unanimité souhaitée. Quant à celle de la pomme de terre elle est critiquée ou bannie.

Voici ma recette sans pomme de terre

Cuire la morue comme je l'ai indiqué précédemment.

Morue : 500 gr par personne
huile d'olive : 1/4 de litre
lait : 1/4 de l.
poivre, une petite pointe de muscade
truffes ou non.

Une fois pochée, retirer les arêtes, mais non la peau. Garder les morceaux à chaleur douce, ainsi que le lait avec la muscade.

Piler au fur et à mesure la morue détachée en petits morceaux. La présence de la peau aide à l'onctuosité de la préparation.

Verser le tout dans une casserole à fond épais et tourner, tourner en ajoutant petit à petit huile et lait tièdes. On obtient une pâte épaisse et onctueuse.

Rajouter 1 ou 2 truffes en rondelles et poivrer.

Placer le tout au bain-marie et servir avec des croûtons frits.

On peut aussi présenter cette entrée, dans des petits vol-au-vent feuilletés.

La ville de Nîmes en Languedoc s'est spécialisée dans la préparation de la brandade. On en trouve d'excellentes boîtes.

Le grand Aïoli

voir la recette de la Sauce
au chapitre Sauces   p. 37

Plat unique où les légumes cuits à l'eau sont présentés autour de la morue pochée en général, ou frite. C'est un plat de réjouissances !....

morue : 150 gr ou 200 par personne

œufs durs : 1 par personne

avec une farandole de légumes : chou fleur, pommes de terre, carottes, haricots verts, betterave rouge, pois chiche, artichauts .....

escargots cuits à l'eau. Choisir pour les escargots une bonne boîte de conserve en provenance de Bourgogne.

l'aïoli : sauce (p. 37) sera présenté dans un mortier.

morue : dessalée, pochée, servie tiède

légumes : les faire cuire à l'eau bouillante séparement pour qu'ils conservent bien leur goût et les servir chauds. Là c'est un petit problème de dernier moment. Prévoir des passoires à poser sur les casseroles qui cuisent d'autres légumes. mais attention au chou-fleur, le cuire vraiment à part, à cause de sa forte odeur.

Apporter les grands plats quand tout le monde est assis pour éviter que cela ne refroidisse.

Bon appétit !...

Bouillabaisse de Morue

morue : 200 gr par personne
          Cuire la morue . voir p. 106
oignon : 2 hachés
tomates : 4 ou 5
ail : 6 gousses
thym, persil , safran, poivre, fenouil, laurier
pomme de terre : 1 par personne
œuf : 1 œuf dur pour 2
morceaux d'écorce d'orange
tranches de pain rassis

Faire roussir les oignons . Ajouter tomates pelées, ail pressé, fenouil, laurier, écorce d'orange et herbes. Poivrer.

Remuez bien . Jetez y ensuite les tranches épaisses de pomme de terre et ajoutez suffisamment d'eau tié. de dans laquelle a cuit la morue pour couvrir le tout.

Faire cuire 25 à 30' . Y mettre la morue tiède et le safran . Faire frissonner puis servir sur des tranches de pain, décorées d'un ½ œuf dur . On peut servir avec de l'aïoli.

Attention , il ne faut pas que les pommes de terre s'écrasent . Bien surveiller leur cuisson mijotée.

Morue aux épinards

facile
1h

morue : 100 gr par personne
anchois : 2 ou 3
épinards : 1kg
sel, poivre , chapelure , huile d'olive

Faire pocher la morue et la débiter en morceaux. Faire dessaler les anchois sous le filet d'eau du robinet et les réduire en purée, que vous mélangerez aux épinards. Faire cuire les épinards, les presser, les couper en morceaux .   Dans un plat à gratin huilé placer une couche d'épinards, une couche de morue, et ainsi

de suite . Finir par des épinards . verser un
peu d'huile d'olive et saupoudrer de chapelure.
On peut aussi y verser un peu de lait ou couvrir
d'une béchamel .

Morue aux poireaux

Plat très traditionnel en Haute Provence la
veille de Noël . Plat rustique et délicieux .

poireaux : 3 kg
oeufs durs : 1 par personne
morue : 100 gr par personne
olives noires : 1 poignée
truffes : 1 ou 2
huile d'olive , poivre , chapelure

Dénoyauter les olives et les couper en morceaux .
Faire pocher la morue, l'émietter et la tenir au chaud.
Faire blanchir les poireaux 5' . Les couper en morceaux
les mettre dans une cocotte avec 3 cuillerées d'huile d'o-
live . Couvrir et faire réduire à petit feu , au moins
15' pour obtenir une crème onctueuse . Ajouter le bol
d'olives noires et les miettes de morue avec un peu d'
eau de sa cuisson . Laisser mijoter 45's sans bouillir . Verser de la chapelure (1 bol). Elle va gonfler .
et mélanger le tout . Vérifiez l'assaisonnement et
au besoin poivrez . Servir .

Morue en Raïte
ou raïto

morue : 200 gr par personne , dessalée
oignon : 1
farine : 1 cuillerée à soupe
vin rouge : ½ litre
eau bouillante : ½ litre
ail : 2 gousses (pilées) persil
tomates : 3 pelées réduites
huile d'olive

Faire revenir l'oignon à la poêle . ajouter la

farine, remuer. Verser le vin et l'eau bouillante.
Délayer comme pour un roux. Faire bouillir et ajouter
les herbes, tomates et ail. Laisser réduire. La sauce doit
être épaisse.

Votre morue dessalée et coupée en morceaux que
vous roulerez dans la farine, sera frite à la grande
friture. Puis vous disposerez les morceaux frits
dans la sauce au vin en y ajoutant une bonne
poignée de câpres. Laissez ensuite frissonner 10'
et servez.

l'Alose

C'est un poisson malheureusement disparu
des rives avignonaises, ne pouvant remonter le
Rhône à cause des barrages.

Prises dans les vire-vire des rives du Fleuve,
elles annonçaient le printemps dans toutes les cuisines du pays. On en trouve encore beaucoup au
Maroc. Alose à l'oseille.

Daurade à l'ail

facile
1h.

Daurade : à peu près 1 kg 500
ail : 15 gousses
sel, poivre, huile d'olive, fenouil

Vider et écailler la daurade. La saler
et la poivrer à l'intérieur. Y glisser les gousses
d'ail non épluchées mais écrasées.

Mettre la daurade au four sur des branches
de fenouil avec un peu d'huile d'olive.

Faire cuire 45', arroser souvent, mais dans
une chaleur pas trop violente.

Daurade au four
avec pommes de terre

préparation longue
cuisson 3/4 d'h.

daurade moyenne bien bombée
pommes de terre : 1 ou 2 par personne
oignons : 2 ou 3
tomates : 5
olives noires : une poignée
laurier thym fenouil sec
sel, poivre, huile d'olive

Vous pouvez faire de ce plat un "plat unique" avec une grande daurade.

Dans votre plat, ou carrément dans la lèche-frite si votre dorade est grosse, versez de l'huile, et disposez des tranches de pomme de terre un peu épaisses, puis des tranches d'oignons, du thym, du laurier, des tomates pelées. Rajoutez olives noires, sel, poivre.

Cuire à feu doux 15'. Puis posez dessous votre daurade écaillée vidée, huilée, salée. Ne pas fendre le dos avec un couteau son parfum s'en irait.

Surveillez la cuisson (1/2 h à 1h) dépendante de la grosseur. Arrosez souvent.
Servir.

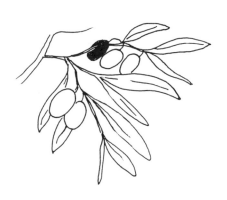

Moules

. Celles de Bouziques me plaisent beaucoup .

A la marinière

moules : compter 1kg pour 2 personnes
échalottes : 2 , persil
vin blanc : 1 verre
farine : 1 cuillerée à soupe
citron : 1
carotte : 1
oignon : 1 , laurier , beurre

Bien laver et gratter les moules, enlever les poils. Les mettre dans une marmite avec la carotte coupée, l'oignon, le persil haché, le laurier et un peu de vin blanc. Faire chauffer vivement. Les moules s'ouvrent. Les remuer en les faisant sauter. Lorsqu'elles sont toutes ouvertes, arrêter le feu.

À côté vous ferez revenir les échalottes hachées, et les mélangerez avec le vin blanc, un peu d'eau rejetée par les moules, 1 cuillerée de farine et un morceau de beurre. Et vous y jeterez les moules ouvertes.

Goûtez l'eau et assaisonnez de sel si besoin est.

Moules frites

facile
10'
Ouvrir les moules bien lavées. Les sécher. Détachez les corps des moules et roulez-les un par un dans de la farine. Et hop ! dans la poêle avec un peu d'huile chaude, mais pas trop. Citron, poivre. C'est très bon.

Brochettes de Moules

préparation un peu longue
15'

Prendre des moules assez grosses et grasses. Il en faut 2 kgs pour 4 personnes.

Petit salé en morceaux : 200 gr ou tranches de poitrine très très fines, coupées par votre boucher ou trouvées sous plastique dans les grandes surfaces.

citron : 2 coupés en menus morceaux ou bien en 2 pour le jus.

Faire s'ouvrir les moules comme pour la "marinière" (p.113) . Prendre des brochettes en fer, ou, le fin du fin, des bâtons de romarin ou de laurier . Enfiler.

Enfiler les moules avec un bout de lard et un bout de citron.

Ou bien enrouler une moule avec une 1/2 tranche de poitrine arrosée de citron.

vous passerez votre brochette prête dans de la chapelure et ensuite dans de l'oeuf ou vice-versa.

Faites griller sur une plaque de fonte ou au feu de braise .

Pilau de Moules

facile

avec du riz cuit dans l'eau des moules

moules : 1 kg pour 2 personnes
riz : 1 verre pour 2
oignons : 1
tomates : 2 pour 2
thym, laurier

Laver et gratter les moules, puis les faire s'ouvrir . garder l'eau.

Faire revenir tomates, oignons, thym et laurier. Ajouter le riz en remuant 1 ou 2'. Verser dessous l'eau des moules et de l'eau bouillante. Le volume d'eau doit correspondre à 2 verres 1/2 pour 1 verre de riz.

Puis vous mettez les moules ouvertes, avec leurs coquilles et vous faites cuire 20'. L'eau doit disparaître.

On peut ajouter du safran, et si l'on a l'âme balladeuse un peu de curry.
Servir bouillant.

Pain de poisson

facile
1h.   On peut faire ce plat avec toutes sortes de poissons ou restes de poissons que l'on mélange avec oeufs et tomates.

Mais le meilleur pain de poisson est fait avec de la lotte ou baudroie. C'est vraiment un régal. On vous demandera si c'est du crabe ou de la langouste!

lotte : 750 gr toute dépouillée
tomates : 1 kg épépinées
         ou 700 gr de coulis
oeufs : 6 entiers
sel, poivre,

Faire pocher la lotte 5'. La débiter en morceaux assez gros, 4 cm x 5 à peu près. Mélanger oeufs et tomates en faisant attention qu'il n'y ait pas trop de jus. Mettre ensemble poisson et tomates et vérifier l'assaisonnement. Un peu plus de poivre ne fait pas de mal.

Mettre la préparation dans une terrine. Faire cuire au bain-marie 3/4 d'heure.

Vérifiez la cuisson en enfonçant une lame de couteau. Celle-ci doit ressortir propre.

Servir en tranches froides, ou en terrine froide également avec de la mayonnaise.

Rougets dits "la bécasse des mers"

Poisson remarquable par sa couleur et son goût très prononcé. Le préféré des provençaux, avec le loup.

Rougets grillés

ne pas les vider.

ne pas les écailler.

Placer les rougets sur un gril ou une plaque de fonte brûlante huilée. Les faire cuire délicatement de chaque côté 5 à 6'.

Dans votre assiette enlevez les écailles et dégustez.

Les fins gourmets provençaux apprécient beaucoup l'intérieur et le foie du rouget. D'autres le trouvent un peu fort.

Rougets en papillotte

15' très facile

feuilles d'aluminium ou papier sulfurisé

1 bon rouget par personne

huile d'olive, sel, poivre, thym

Le rouget sera écaillé, vidé ou non, le goût du foie étant fort il peut déplaire aux non initiés.

Enfermer le rouget à l'œil vif dans du papier d'aluminium non sans avoir mis un peu d'huile d'olive, du sel et du poivre et du thym léger.

Il faut que la feuille d'aluminium soit un peu large et ne touche pas le dos du rouget. Même chose pour le papier. Au four 10'.

Rougets en papillotte de jambon cru

rouget : 1 beau par personne
jambon cru : 1 tranche fine par personne
olives noires : 1 vingtaine
laurier, ail, basilic
persil : 2 cuillerées à soupe haché
citron : 2 cuillerées

Mélanger les olives dénoyautées, hachées avec 1 gousse d'ail, persil, basilic et laurier.

Vider les rougets. Répartir la farce aux olives dans le ventre des rougets. Entourer le poisson d'une tranche de jambon en y incluant la feuille de laurier. Mettre dans un plat au four chauffé à l'avance 15 ou 20'. thermostat 6 au 7.

Cette recette un peu insolite plaît beaucoup.

Sardines

ne parlons pas de la sardine qui a bouché le port de Marseille, mais de ces sardines luisantes, fraîches, pas chères et présentées joyeusement par les marchandes de poissons.

Sardines frites

sardines : 3 ou 4 par personne
lait : une assiette
farine : une assiette
citron : 1
huile d'olive, sel

Essuyer les sardines, les écailler, mais ne pas les vider. Les passer au lait et à la farine en passant d'une assiette à l'autre.

Les jeter dans l'huile bouillante. 3 minutes suffisent. Saupoudrer de sel fin. Servir avec un peu de citron.

Gratin de sardines aux épinards

facile
30'

épinards : 1 kg
sardines : 1 ou 2 par personne
oignon : 1
ail, persil, oignon
lait : 5 cuillerées à soupe
muscade, farine : 1 cuillerée

Blanchir les épinards 10', les presser, et
les couper en morceaux.

Dans une poêle huilée, faire fondre un oignon
haché, y jeter les épinards et remuer 3'. Y ajouter ail et persil hachés puis de la farine. Remuer.
Verser le lait avec la pointe de muscade et faire
cuire le tout 10'.

A côté, écailler, vider les sardines. Couper
la tête et enlever l'arête. Les mettre à plat.

Mettre dans chaque sardine un peu d'épinards
sans jus. Les rouler dans le sens tête-queue.

Enfoncer les sardines dans le lit d'épinards
déposé dans le fond du plat à gratin. Les placer
queue en l'air. Puis verser dessus des épinards de
telle sorte que les queues des sardines dépassent.
Mettre dessus chapelure et huile d'olive et cuire
10' au four.

Gratin de sardines aux pignons

sardines : 1 kg
anchois au sel : 5 à 6
pignons : 150 gr
persil, 1 citron, laurier, huile d'olive, sel
et poivre

vider les sardines, les étêter, enlever les arêtes, é_
cailler et mettre à plat.

Dessaler les anchois, enlever l'arête, et les faire
fondre à la poêle avec huile d'olive, le persil, et les
pignons de pin.

Ranger les sardines dans un plat huilé, le
ventre en l'air. Placer dessus anchois et pignons,
puis remettre des sardines sur le ventre.

Arroser du jus de citron et d'un peu d'huile
d'olive. Terminer avec de la chapelure, et
mettre au four 10 à 20'.

variante : au lieu de mettre les sardines à plat,
les rouler la queue en haut.

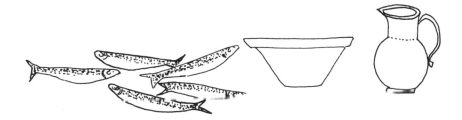

Gratin de sardines aux tomates

facile
1/2 h.

sardines : 200 gr par personne environ
    tomates : le même poids
    oignons, huile d'olive, persil, ail, sel, poivre
Ecailler et vider les sardines. Enlever la tête, les arêtes
et les mettre à plat. Peler et épépiner les tomates.
Dans un plat à gratin intercaler sardines, tomates
pelées, pressées de leur jus, herbes et ainsi de suite.
Mettre de la chapelure et au four 10'.
attention : bien essuyer les sardines pour enlever
les écailles.

Sartagnade de poissons

facile
30'

du nom de "sartan" : poêle . C'est
une friture de petits poissons.

300 gr de petits poissons
huile d'olive , sel ,
vinaigre
citron

une poêle

Bien sécher et fariner chaque poisson.
Faire chauffer de l'huile dans la poêle , pas
trop abondante . Y jeter les poissons bien ser-
rés au fond . Les faire saisir sans les remuer, mais
en secouant la poêle . Les poissons forment bloc.

Une fois bien dorés , les retourner et les faire cuire de l'autre côté . Les servir dans un plat
et verser dans la poêle un filet de vinaigre (2
cuillerées à soupe) avec lequel on arrosera les poissons. On peut préférer du citron .

Thon

Thon frais aux tomates

facile
30'

thon : 1 bonne tranche
tomates : 1 kg
ail , oignon , persil , thym, sel, poivre
Faire revenir tomates pelées , oignon en lamelles,
thym , laurier et ail écrasé , comme pour un coulis.
Y mettre le thon et faire cuire 1/2 h.

On peut faire cuire de cette manière toutes tranches de poisson . Mais on peut aussi les faire ris-
soler à la poêle et les mettre à la dernière minute
dans la sauce tomate .

Thon à la bonne femme

facile
30'

thon : une bonne tranche ou rouelle
de 3cm d'épaisseur

oignons : 1 ou 2
vin blanc : 1 verre
vinaigre : ½ verre
ail : 2 gousses
farine : 1 cuillerée
coulis de tomates , persil
huile d'olive , sel, poivre

Blanchir 5' la rouelle de thon, l'égoutter et la mettre à la poêle avec l'huile d'olive. La faire revenir des 2 côtés et la sortir.

Faire revenir les oignons hachés avec 1 cuillerée de farine, le vin blanc, le vinaigre, l'ail écrasé, et une cuillerée de coulis. Remettre le thon.

Cuire à petit feu 20' à couvert.

Servir avec du persil haché et des pommes vapeur.

Thon à la Chartreuse

thon : 1 rouelle épaisse
oignons : 1 ou 2 kg
citrons : 3 ou 4
tomates : 4 ou 5
carottes : 4 ou 5
laitues : beaucoup : 2, 3 ou plus
sel, poivre, huile d'olive

Utiliser une grande cocotte. Mettre au fond une couche d'oignons haute de 2 doigts, puis une couche de tomates et la salade de laitue en morceaux. Ne pas hésiter à en mettre beaucoup. Rajouter des citrons et des carottes coupés en rondelles et poser dessus la rouelle de thon (avec ou sans sa peau). Puis recommencer la succession des couches.

Arroser d'un verre ou deux d'huile d'olive
et faire cuire à petit feu 2 à 3 h. Tout est fondu,
tout est délicieux.

Ajoutez un petit verre de chartreuse verte,
en cours de cuisson.

Voir Soupes de Poissons
au chapitre Soupes

Conseil Spécial poisson

Pour faire griller vos poissons, enrobez-les, sans
les écailler, de gros sel. Le sel formera carapace,
gardant la chair moelleuse.
Les écailles s'en iront avec le sel.

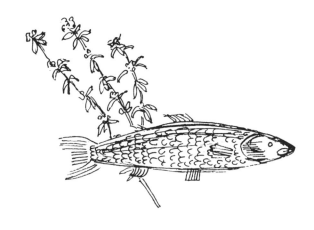

Les Viandes

La Provence, pauvre en prairies de pâturages, est surtout réputée pour la viande de ses moutons. L'hiver ils broutent les bonnes herbes des garrigues et l'été la douce herbe des pâturages. Ces chairs parfumées n'ont pas besoin de sauces et sont bonnes grillées, rôties au four, ou à la broche.

Autrefois on choisissait le bois du feu, amandier, chêne, genévriers, dont les braises donnaient des goûts particuliers selon les cas. Aujourd'hui, les plaques de fonte, le four, remplacent le feu de bois. C'est peut-être moins bon mais plus pratique.

Le porc en Haute Provence est encore excellent. Ce n'est pas déchoir de manger du porc, considéré ailleurs comme une viande de pauvre. Il est le plus souvent cuit avec de la sauge.

Quant au bœuf mieux vaut le faire cuire longtemps.

Rien n'est plus célèbre que la **Daube**

Chaque famille a sa recette et chaque daube sera différente de la dernière.

La dernière que j'ai mangée a cuit 2 jours,
au coin du feu de la cheminée. Inégalable,
suprême, éphémère, je ne sais la décrire, mais
voici la recette.

Elle n'a pas été cuite dans la daubière, poterie vernissée, possédant un couvercle creux où l'on verse
de l'eau pendant la cuisson, et une queue arrondie,
mais dans une marmite de fonte sur un trépied.
Voici la recette
de Christiane **La Daube**

facile
mais longue cuisson

viande : gîte ou noix
ou gîte et noix } 2 kg
oignons : 2   ail : 2 gousses
carottes : 3
Vin rouge 12° : 1 l.
un peu de vinaigre
sel, poivre, lard : 200 gr
bouquet garni : 2
laurier
un doigt d'écorce d'orange sèche
une pointe de muscade
2 clous de girofle
4 grains de genièvre écrasés
lard haché : 200 gr.

Faire macérer, 5 ou 6 heures avant la cuisson, la
viande coupée en morceaux carrés (8×8 cm environ),
dans le litre de vin rouge avec une cuillerée de vinaigre,
les 2 oignons coupés en 4, 3 carottes coupées et les herbes,
excepté l'écorce d'orange et l'ail.

Mettre alors dans le fond de la daubière ou de la
marmite 200 gr de lard haché et le faire fondre.

Enlever la grappe avec une écumoire. Faire roussir un oignon coupé en 4. ajouter la viande et sa garniture, le tout bien égoutté. Faire revenir quelques instants.

Ajouter 2 gousses d'ail, le morceau d'écorce d'orange et mouiller avec la marinade. Bien remuer. Ajouter 1/2 litre d'eau chaude et un nouveau bouquet garni.

Couvrir avec le couvercle de la daubière, où l'on aura mis de l'eau, ou tout simplement du couvercle de la marmite.

Faire cuire 4 h ou plus.

Il existe aujourd'hui, des marmites nouvelles, en fonte, avec des couvercle merveilleux. Leur intérieur est hérissé de petites aspérités qui guident harmonieusement la vapeur remontant sur les viandes.

On sert la daube accompagnée de pommes vapeur, de macaronade ou de pâtes fraîches.

Macaronade

Macaronade : macaronis cuits à moitié, arrosés de sauce de daube et gratinés au four avec du gruyère et de la chapelure.

Cette recette de daube est vraiment traditionnelle, la "vraie de vraie". Beaucoup de gens n'en supportent pas d'autres.

Pourtant j'en citerai deux autres : celle d'Avignon qui se fait avec du mouton et celle de Lourmarin qui se fait sans vin.

Je les trouve excellentes toutes les deux.

La daube d'Avignon

Épaule de mouton coupée en morceaux
lard haché : 200gr
oignons : 2
carottes : 2
persil, ail écrasé (2 gousses)

laurier , un peu de romarin
1 clou de girofle , muscade, poivre , sel
vin blanc : 1/2 l.
huile d'olive : un verre

Faire macérer viande, vin blanc et tous ces ingrédients . 3 à 4 heures.

Faire fondre dans la cocotte du lard haché et
un oignon . ajouter la viande en morceaux. Faire
revenir , ajouter la marinade (passée ou non).
Cuire 2 h 1/2 à 3h .
Servir avec pommes de terre vapeur

Daube dite de Lourmarin
sans vin

Plusieurs viandes : gîte : 500 gr
paleron : 500 gr
culotte : 500 gr
huile d'olive : 2 cuillerées à bouche par personne
bon vinaigre de vin : 1 cuillereé à café par personne
ail : 2 gousses
oignon : 1
noix : 1 par personne
laurier, persil , 2 clous de girofle
1 morceau d'écorce d'orange sèche
sel, poivre

La veille on prépare la marinade :
ail très finement haché, oignon aussi, et
tous les ingrédients pilés dans l'huile d'olive et le
vinaigre . Bien battre au fouet, ce qui donne
une sorte de pommade . Y mettre les morceaux
de viande. Bien les enrober . Les laisser toute la nuit
au frais dans un récipient couvert .

Le lendemain verser le tout dans la daubière
ou la cocotte et fermer . Faire cuire 4 ou 5h.
Dégraisser . Servir sur des assiettes chaudes .
variante : On sert aussi cette daube avec des cerneaux
de noix ajoutés à mi-cuisson avec un sucre qui enlève
l'acidité du vinaigre.

Daube de sanglier

La viande de sangliers d'élevage ou de sangliers sauvages est très bonne en daube.

Cuissot de 2 à 3 kg
vin blanc sec : 1/2 l.
eau : 1 verre
ail : 4 gousses
échalotes : 3 hachées
girofle, laurier, sel, poivre en grains
genièvre : 10 grains écrasés

La veille, couper en morceaux de 4×5 cm le cuissot
et les mettre dans la marinade (vin blanc, eau,
ingrédients) + 4 grains de genièvre.
Le lendemain, verser le tout dans une cocotte
fermée et faire mijoter pendant 5 h.
5' avant la fin de la cuisson, ajouter 6 grains
de genièvre écrasés.
Servir brûlant avec des pommes de terre vapeur.

Pot-au-feu provençal

Très copieux, il est fait pour un grand
nombre de convives.
viandes : 3 sortes ou plus
boeuf : plat de côtes : 1 kg, 500
mouton - becquet de mouton : 500 gr (partie
haute du gigot avec l'os)
1 poule
La viande de boeuf doit être 3 fois supérieure
à celle de mouton.
saucisses : 3 saucisses de ménage
os à moelle

Bouillon :   ail : 4 gousses non épluchées
             oignon : 3   2 clous de girofle
             poireaux : 2
             céleri : 2 feuilles
             laurier, cerfeuil, thym
             sel poivre
Légumes :   navets : 3
             poireaux : 1 petite botte
             carottes : 7 ou 8
             céleri : 2 cœurs

Mettre les viandes avec 3 l. d'eau froide dans une grande marmite. Porter à ébullition. Ecumer plusieurs fois de suite. Arrêter l'ébullition et faire cuire plus doucement.

Mettre les légumes du bouillon. Ajouter sel et poivre en grains. Cuire 3 h. D'autre part, vous préparez les légumes d'accompagnement en les attachant avec une ficelle par petits paquets. Le bout de la ficelle sera posé sur le bord de la marmite. Les légumes, le moment venu, seront ainsi plus faciles à sortir. Mettre ces légumes une heure après l'arrêt de la grosse ébullition.

Servir sur des assiettes chaudes, avec du gros sel, de la moutarde, des cornichons, des petits oignons, et même du coulis de tomates.

L'os à moelle sera enveloppé de gaze pour garder la moelle que l'on sert sur des croûtons de pain.

On peut aussi servir les viandes accompagnées de salade de pois chiche chauds ou froids.

Boeuf au basilic

Ressemblant beaucoup au carpaccio, tellement facile et délicieusement frais !

filet de boeuf : environ 200gr par personne
ou pièce noire beaucoup moins chère

basilic : une petite poignée
citrons : 2 ou 3
huile d'olive
3 cuillerées de câpres

Placer le morceau de viande au congélateur 1h.
Essayer alors de couper la viande en très très fines tranches. Les placer sur les assiettes individuelles ou dans un grand plat plat, avec des feuilles de salade tendre. 4 tranches par personne.
Arroser de la sauce préparée avec 10 cuillerées d'huile d'olive, le basilic haché assez gros et le jus de 3 citrons. Parsemer de quelques câpres. 1 heure au réfrigérateur et servez frais.
En été le soir c'est délicieux.
(vous pouvez demander à votre boucher de vous couper les tranches extrêmement fines ...)

Veau aux aubergines

tendrons : 1 kg
aubergines : 10 , huile, sel, poivre
Faire dorer la viande à l'huile d'olive. Y ajouter les morceaux d'aubergines pelées et blanchies. Faire mijoter 1h30 à la cocotte. On peut y ajouter pour que cela soit moins sec, des tomates.

Bifteck à l'anchois et tomates

Bifteck : morceau de votre choix
anchois : 2 filets d'anchois par personne
tomates : 1 par personne
poivre, beurre ou huile

Dessaler les anchois et enlever les arêtes. Les piler pour en faire une pommade.

Faire cuire les tomates, coupées en 2, à la poêle 5) et les garder au chaud.

Faire griller votre bifteck, à la convenance de chacun, sans saler. Présenter la viande tartinée d'anchois, avec la tomate cuite dessus ou à coté.

On peut employer de la crème d'anchois en tube. C'est moins authentique mais tellement plus facile !

Le Porc

s'accompagne le plus souvent de feuilles de sauge.

L'échine, pas trop grasse, sera moins sèche que le filet.

Roti de porc à la sauge

1heure

Carré de porc : 1 kg
sauge : 20 feuilles sèches
ail : 10 gousses

Demander à votre boucher un carré de porc, d'échine. ne le faites pas désosser. mais faites donner entre chaque côte un coup de couteau. Une fois cuit, ce sera plus facile à découper.

Piler au mortier 20 feuilles de sauge sèche et les 10 gousses d'ail.

Faire des entailles dans la viande. Y glisser ce mélange. Badigeonner la viande avec le reste dans lequel on aura ajouté du poivre concassé. Mettre le rôti à four très chaud, ou le faire cuire à la cocotte en surveillant souvent. Si besoin est, ajouter un peu de bouillon.

Roti de porc bouilli aux légumes

porc : 1 filet désossé : 1 kg, 200 à 500
plus les os
carottes, navets, oignons cloutés de girofle
sel, poivre, céleri, laurier, sauge

Mettre le porc bien ficelé à l'eau froide avec les os. Faire bouillir doucement. Écumer 1 fois, 2 fois. Enlever les os et mettre les légumes. Laisser bouillir 1 heure.

Faire refroidir. Couper en tranches.

Servir avec de la salade composée des légumes et de salade verte. Moutarde. cornichons

Côtelettes de porc
dans le filet, ou dans l'échine.

Les faire cuire doucement dans la poêle avec un peu d'huile d'olive. Parsemer de feuilles de sauge. On peut y ajouter un peu d'eau et mettre un couvercle pour donner plus de moelleux, après qu'elles aient été saisies et colorées.

variante : y ajouter des tomates, cuites ou à cuire.

Ajouter aussi des poivrons. Faire cuire ensemble lentement 15'.

Filet de porc
à manger froid

Je choisis du filet dont les tranches seront plus belles.

porc : 1 kg 200 environ plus les os
ail : 3 gousses écrasées
huile d'olive : 3 cuillerées
sauge : 20 feuilles
sel, poivre concassé

Demander à votre boucher, avant qu'il ne ficelle votre rôti d'y mettre un mélange de feuilles de sauge et de poivre à l'intérieur. S'il n'a pas ce mélange prêt, apportez-le lui vous-même.

Chauffer bien une cocotte, avec l'huile d'olive, 2 gousses d'ail, les os. y placer le rôti. Le tourner de tous les côtés pour qu'il soit bien saisi et doré. Retirer les os, retirer le rôti. verser dans la cocotte une tasse d'eau tiède en grattant le fond, puis les feuilles de sauge. Remettre le rôti et poser 2 ou 3 feuilles sur la viande. Couvrir et laisser cuire à petit feu 2 heures. Il ne doit plus y avoir d'eau en arrêtant la cuisson.

On peut utiliser la cocotte minute et faire cuire 20').

Les Grillades de Mouton

Les meilleures sont, bien entendu faites sur la braise d'un feu de bois.   Attention aux feux de forêts. Combien d'hectares brûlés pour une côtelette !....

La grille sur laquelle seront posées les viandes devra être au moins à 10 cm des braises. Pour ceux qui aiment que cela soit noir et brûlé, 3 cm suffisent.

Si l'on n'a pas de petit barbecue, faire cuire sur une plaque de fonte, un peu huilée, et bien chauffée à l'avance.

Le tourne-broche pour le gigot est idéal.

J'aime bien frotter les viandes à griller avec un peu d'huile d'olive et des feuilles de thym. Attention ! si vous mettez aussi des feuilles de sariette celles-ci ont l'inconvénient d'être très pointues et de piquer désagréablement la gorge. Il vaut mieux donc les écraser pour éviter tout affolement éventuel d'étouffement panique !

Grillade de côtelettes avec os

En prendre plusieurs par personne

Surtout ne pas en acheter pour les convives, ou parents qui n'aiment pas la graisse grillée et qui, dédaigneux, la laissent au coin de leur assiette. En plus, de ne pas savoir ce qui est bon les laissera sur leur faim, car de ces côtelettes il n'y a qu'une petite noix à manger.

Côtes jumelles : même problème, mais la viande est plus abondante.

Il vaut mieux, tant pis pour le prix prendre de bonnes tranches de selle, ou de gigot. C'est délicieux et abondant

Les Brochettes

Les brochettes faites d'une tige de romarin ou de laurier sont plus parfumées.

Délicieuses sont les brochettes de morceaux d'épaule alternés, ou non, de rognon ou de foie.

Avant de les saisir, les passer légèrement dans un plat où l'on aura mis de l'huile d'olive et des herbes. On salera après cuisson. 5' à 10'.

Le laurier aromatise particulièrement bien les viandes en brochettes.

Épaule rôtie

Choisir une épaule de 1kg 500, ou plus petite si vous n'êtes que 2.

Demander à votre boucher de détacher la viande de l'osplat (l'omoplate je crois..) mais non de l'enlever. Si vous l'enleviez la viande se recroquevillerait à la cuisson. Au moment du découpage on enlève plus facilement l'os, et les tranches sont plus grandes.

La cuire comme un gigot, bien frottée d'huile aromatisée. 20' par livre.

Servir avec une ratatouille, ou des aubergines à la tomate. C'est délicieux.

La cuire aussi sur des pommes de terre comme un gigot boulangère en fait un mets exquis.

Gigot crème d'ail

A l'heure actuelle, on ne mange que des gigots d'agneau. Le choisir bien bombé. Ceux que l'on trouve à l'époque de Pâques sont délicieux et votre boucher est en général dévalisé.

Le gigot décongelé n'est pas mauvais non plus.

Cuisson : 20' par livre
huile d'olive   thym
et pour la crème d'ail : une vingtaine de gousses

Gigot : bien le frotter avec l'huile d'olive parfumée de thym. Je le frotte aussi avec un citron coupé en 2, ce qui augmentera la croustillance de la peau. (je le fais aussi pour les volailles au four).

Certaines personnes recommandent de le piquer d'ail. D'autres, au contraire n'aiment pas cela, mais disposent dans le plat, ou la plaque du four, autour du gigot, des gousses entières, écrasées dans leur peau. Leur odeur embaumera la viande (sauf si elles brûlent trop).

Mettre la viande à four très chaud, chauffé 15' avant. Le gigot sera ainsi saisi.

Lorsque le gigot sera cuit, selon la convenance de la ménagère, bien le découper. C'est important pour en tirer le plus de tranches possible, et c'est important, car la viande bien découpée est meilleure.

On assiste, quelquefois, dans un silence forcé à des massacres de découpage.

Servir avec une Crème d'ail faite à part.

Ceux qui aiment l'ail s'en servent abondamment, les autres l'ignorent au bénéfice des premiers.

Cuire à l'eau 20 gousses d'ail non épluchées. Changer l'eau par une autre eau bouillante. Arrêter quand l'ail s'écrase. Pincez les, la gousse sortira. Réduisez en pommade, saler, poivrer et ajouter si besoin est un peu d'eau de cuisson.

La crème ne doit pas être trop liquide.

Gigot boulangère

gigot : 1 kg, 300 au plus
pommes de terre : 2 par personne
tomates : 2
ail : 3 gousses
oignons : 2
thym, laurier, poivre, sel, huile d'olive

Couper les tranches de pommes de terre en tranches minces et les disposer dans un plat à gratin bien huilé, avec des tranches de tomates pelées et des rondelles d'oignon. y glisser l'ail écrasé non épluché.   Bien mélanger le tout et remettre bien à plat. Faire cuire 10' à four chaud. (sel, poivre)

Placer alors le gigot sur le plat, ou sur la grille placée sur le plat (je préfère cela car le gigot se cuit mieux).

Cuire le tout en même temps.

Surveiller la cuisson.

Attention que les pommes de terre ne se racornissent pas. Si cela se produisait ajouter un peu d'eau.

Servir ensemble, très chaud.
(ne pas trop se disputer pour gratter le plat)

Pieds-z-et-Paquets

De Marseille à Sisteron on s'en régale. Il faut aimer les tripes, condition indispensable.
Les déguster bouillants, dans une assiette chaude.

Plusieurs formules :

Ouvrir des boîtes ou des bocaux de conserves où sont rangés de délicieux pieds-et-paquets. (Bien choisir sa marque).
Servir bouillant avec des pommes vapeur.

Acheter chez son boucher les pieds-et-paquets, tout préparés à accomoder et à cuire dans la sauce. Mais en général ils ne sont jamais farcis, et c'est dommage. Après les avoir ébouillantés les mettre dans la sauce et le vin blanc (voir page suivante) et faire cuire 2h en cocotte minute ou 8 à 10h en cuisson normale.

Les faire soi-même. C'est un peu long. Invitez alors des amis, préparez-les ensemble et amusez-vous bien.
Commander ventres et pieds chez votre boucher. Bien les laver, les essuyer et couper les ventres en carrés (10cm x 10).
Pour 6 personnes :
Tripes, c'est-à-dire ventre : 1kg 500
pieds : 6
lard maigre : 250 gr.
1 oignon, 1 carotte, beaucoup de persil
3 gousses d'ail
tomates 1 kg
vin blanc : 2 verres par kg.
poivre

Vous disposerez sur vos carrés une cuillerée de farce (c'est-à-dire du persil haché, un peu d'ail, beaucoup de poivre) et un morceau de petit salé.

Vous aurez entaillé une "boutonnière" dans un coin du carré. Repliez et débrouillez-vous pour fermer le paquet, en commençant par le côté opposé à la "boutonnière" !... Le paquet doit être bien fermé. C'est difficile à expliquer.

Faites suer 3' dans une marmite sans matière grasse les paquets en remuant beaucoup. Puis les égoutter. Après cette opération les paquets tiendront mieux.

La sauce ou le bouillon : D'autre part vous aurez fait fondre 1 oignon, 2 carottes en fines rondelles, les tomates épluchées, 3 gousses d'ail, dans 3 cuillerées d'huile d'olive, et le vin blanc.

Pieds-et-paquets : Faites revenir 15' en remuant.

Disposez au fond de la cocotte 3 pieds (ou la moitié du nombre des pieds) et dessus les paquets ayant rendu leur eau. Puis enfin les 3 autres pieds.

Couvrir avec la sauce.

Faire cuire 2 h. en cocotte minute ou de 8 à 10 h. en cuisson normale.

Vous pouvez passer la sauce à la moulinette. Elle n'en sera que plus onctueuse.

Servir bouillant dans des assiettes très chaudes, avec des pommes de terre vapeur.

Volailles, Lapins, Gibiers et Escargots

Si vous disposez d'une broche, préférez cette méthode de cuisson à toute autre car c'est la meilleure, pour une volaille jeune, tendre et grassouillette.

Ne bardez pas votre volaille, mais arrosez-la et salez-la à mi-cuisson.

Si vous voulez une volaille bien croustillante la frotter d'un mélange d'huile d'olive et de citron. (Il faut frotter la peau avec un citron coupé en 2). On peut y ajouter un peu de piment.

Si vous n'avez pas de broche, mettez votre volaille au four, toujours très chaud, chauffé 15' avant, sur la grille, avec un petit peu d'eau dans la lèchefrite.

Pensez aussi à mettre à mi-cuisson un plat de légumes, de pommes de terre, de champignons cuits à moitié, sous la volaille. Il recevra son jus.

Autre méthode de cuisson : en papillotte d'aluminium ou de papier. Les morceaux ne doivent pas être trop gros. On sale après. On peut entourer la viande d'herbes. Les papillottes ont l'avantage de ne pas salir le four, et par conséquent de ne pas faire profiter toute la maison, voire tout l'immeuble de votre menu.

Attention aux os de lapin, tranchants et pointus. Ne jamais les donner à vos animaux préférés, sauf aux poissons rouges ou aux canaris .....

Si c'est vous qui découpez le lapin essayez de dégager les os afin d'éviter qu'ils ne se cassent et soient tranchants et pointus.

Savez-vous que l'on ne mange jamais de lapin sur un bateau, un voilier ou une barquasse ! Cela porte malheur ..... mais je ne sais pas pourquoi.

Poulets

Poulets

Choisir un bon poulet de ferme un peu plus cher mais bien meilleur et non filandreux.

Poulet à l'ail

Une terrine, 1 poulet
ail : beaucoup : 50 gousses !
croûtons de pain, huile d'olive, sel, poivre

votre poulet préparé et rempli d'ail écrasé non épluché, mettez-le dans un cocotte ou terrine huilée.

vous aurez introduit un croûton de pain frotté d'ail pour boucher l'ouverture du croupion, et un autre plus petit pour celle du cou. Salez et poivrez l'intérieur du poulet. Entourez le poulet de gousses d'ail. Fermez la terrine ou la cocotte, et faites cuire 1 heure au four, sans soulever le couvercle, après avoir mis un peu de bouillon ou d'eau salée au fond.

ouvrir la cocotte ou la terrine au milieu de la table autour des convives.

La merveilleuse odeur de l'ail (ou de l'huile !) régalera d'avance les convives. Chacun écrasera l'ail sur ses croûtons.

Fricassée de Poulet à l'ail

1 poulet ou 2
ail : 10 gousses non épluchées
bouquet garni
lard de poitrine : 150 gr
vin blanc sec : 2 dl
sel, poivre, huile d'olive

Faire dorer les morceaux de poulet dans une sauteuse huilée, et y ajouter le bouquet garni, 8 gousses d'ail. Couvrir et faire cuire doucement 20' - Retirer les morceaux de poulet

A côté vous ferez saisir le lard coupé et les foies, et vous les mixerez avec les 8 gousses d'ail pressées. Déposez cette pommade sur des tranches de pain grillé. Mettez ces tranches au fond de la sauteuse que vous aurez dégraissée au vin blanc.

Replacez sur ces tranches les morceaux de poulet cuits, et réactivez le feu vivement. Servez avec du persil et de l'ail hachés.

Poulet farci au genièvre

poulet : 1
farce : 6 grains de genièvre
viande de porc (restes) : 150gr
de veau (restes) : 150gr
cervelle de mouton
oeuf : 1
sauge, laurier, ail
sel, poivre,
huile d'olive

Préparer la farce avec le genièvre pilé, les viandes hachées, la cervelle, le foie du poulet. Lier avec l'oeuf entier. Salez, poivrez.

Introduire la farce dans le poulet, avec la gousse d'ail non épluchée, mais écrasée. Boucher les ouvertures avec un croûton de pain, ou couser le poulet.

Faire cuire à la cocotte doucement ou au four. (La cocotte aura été huilée) arrosez souvent pendant la cuisson : 1 heure environ.

Poulet aux olives

poulet : 1 poulet découpé
petit salé
ail : 2 gousses
échalotte : 1
vin blanc : 1 verre
olives noires : 1 poignée
bouquet garni, thym, laurier
huile d'olive, sel, poivre

Faire revenir le petit salé et le retirer. Bien faire dorer les morceaux de poulet et les retirer. Faire revenir l'échalotte, verser le verre de vin blanc, rajouter le bouquet garni, le laurier, l'ail haché. Saler et poivrer et faire cuire 10' à feu découvert. Remettre les morceaux de poulet et les lardons. Terminer en mettant les olives noires, dé-noyautées ou non. (je trouve que le noyau donne du goût)

Vérifier la cuisson du poulet et servir avec des pommes de terre à l'eau, des pâtes ou du riz. Ou encore des toma-tes provençales ou de la ratatouille ......

Poulet au Pastis

pour 6 personnes gourmandes
2 poulets
huile d'olive : 1/4
tomates : 6
fenouil en branche
tranches de pain : 5
oignons : 2
pastis : 1 verre
ail : 6 gousses
persil : 1 gros bouquet
pommes de terre : 4
piments : 1 ou 2
safran : 2 petites boites- en pistil si possible
sel, poivre

La veille (ou 3h avant si vous êtes pressée) décou-pez le poulet. Le faire mariner dans une terrine avec le safran, un peu de sel et du poivre, le pastis et un verre d'huile.

Dans la cocotte, faire revenir les oignons, ail, tomates pelées et coupées en morceaux. Bien faire fondre le tout en remuant. Puis placer les branches de fenouil, le persil, le poulet. Recouvrir le tout de la marinade et d'eau bouillante. Faire bouillir 10', couvert. Ajouter les pommes de terre coupées en grosses rondelles. Laisser mijoter encore 20' à couvert. Puis au dernier moment, refaire bouillir vivement quelques instants pour que l'huile se mélange bien.

Avant de servir sur des tranches de pain rassis, remettre un peu de safran.

Préparer la rouille à part :

Pilez dans un mortier 1 gousse d'ail, le foie, 2 pi-ments forts, un peu d'huile d'olive. Mouillez avec du bouil-lon brûlant. Ajoutez 2 ou 3 rondelles de pomme de terre. Ecrasez le tout.

En général le Poulet au Pastis est très apprécié. Vous pouvez en faire beaucoup. C'est bon réchauffé et il se conserve bien au congélateur.

Poulet au thym
en paquetoun

1 jeune poulet, poitrine fumée en tranches
thym, huile d'olive, sel, poivre.

Découper le poulet cru. Rouler les morceaux dans les feuilles de thym, en appuyant bien. Envelopper les morceaux dans une tranche de bacon ou poitrine fumée. Ficeler, et mettre les morceaux dans un plat, au four : au gril.

Faire cuire 20'. Fermer le four pendant 10' pour qu'ils gonflent. Servir avec une salade et des frites.

Même procédé pour un lapin

Poulet truffé rôti

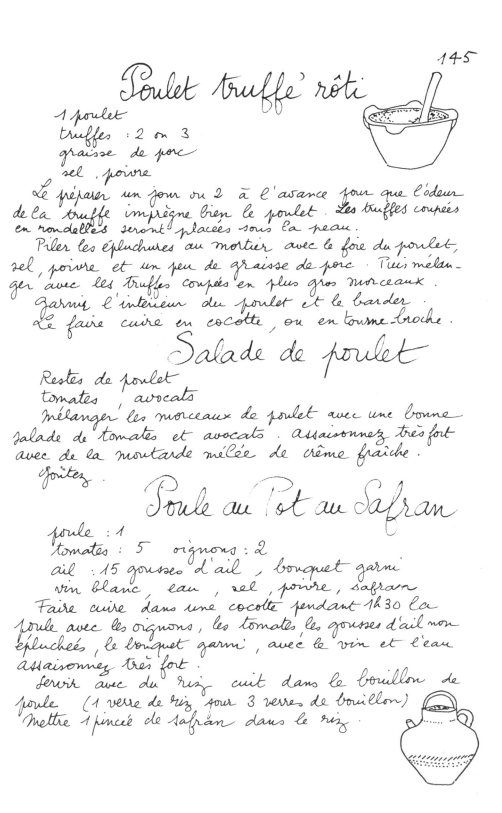

1 poulet
truffes : 2 ou 3
graisse de porc
sel , poivre

Le préparer un jour ou 2 à l'avance pour que l'odeur de la truffe imprègne bien le poulet. Les truffes coupées en rondelles seront placées sous la peau.

Piler les épluchures au mortier avec le foie du poulet, sel, poivre et un peu de graisse de porc. Puis mélanger avec les truffes coupées en plus gros morceaux.

Garnir l'intérieur du poulet et le barder.

Le faire cuire en cocotte, ou en tourne-broche.

Salade de poulet

Restes de poulet
tomates , avocats

Mélanger les morceaux de poulet avec une bonne salade de tomates et avocats. Assaisonnez très fort avec de la moutarde mêlée de crème fraîche.

Goûtez.

Poule au Pot au Safran

poule : 1
tomates : 5   oignons : 2
ail : 15 gousses d'ail , bouquet garni
vin blanc , eau , sel , poivre , safran

Faire cuire dans une cocotte pendant 1h30 la poule avec les oignons, les tomates, les gousses d'ail non épluchées, le bouquet garni, avec le vin et l'eau assaisonnez très fort.

Servir avec du riz cuit dans le bouillon de poule (1 verre de riz pour 3 verres de bouillon) Mettre 1 pincée de safran dans le riz.

Pintade aux figues

J'aime bien cette recette qui a goût de saisons et d'automne.

pintades : 2
vin blanc sec : 1 bon verre
figues : 1 kg de figues fraîches
eau : 1 verre
sel, poivre, huile d'olive avec un morceau de beurre

Vider les pintades, couper 1 livre de figues en 2. Faire revenir les pintades dans la cocotte. Jeter le beurre l'huile de cuisson. Remettre les pintades, avec les figues coupées tout autour.

Saler et poivrer. Rajouter vin et eau. Couvrir et faire cuire 40'. Ajouter l'autre moitié des figues entières. Laisser cuire 15'

Pour servir, passer le jus à la moulinette et le verser dans le plat de service avec du riz créole.

(Si vous êtes pressée, vous pouvez mettre toutes les figues ensemble). Délicieux et surprenant !

Grives

On ne trouve plus de grives à acheter. Tant mieux pour elles. Hélas pour nous !... Chacun garde un souvenir merveilleux des "rôties" cuites dans la cheminée, avec un bout de pain dessus.

Si vous êtes d'une famille de chasseurs, pas besoin de recettes.

Et à défaut de grives :

Cailles au gratin

Cailles : 1 ou 2 par personne, bardes de lard
pommes de terre : 500 gr
lait, crème, genièvre, huile d'olive, sel, poivre

Dans un tian huilé, poser une couche de pommes de terre coupées en rondelles pas trop épaisse. Saler, poivrer. Recommencer. Baigner le tout de crème et de lait. Faire cuire au four jusqu'à ce que le lait soit absorbé. Disposez vos cailles avec 3 baies de genièvre écrasées, et mises à l'intérieur, et dessus. Vos cailles seront bardées. Remettre à four chaud 15'. Servir chaud et gratiné.

Dinde de Noël

pour le 25 Décembre
La cuire à la broche dans la cheminée, ou au four

1 dinde jeune et pas trop grosse
jambon cru et chair à saucisses : 300 gr en tout
oignon : 1
fenouil : 1 branche
marrons : 1 kg avec leurs coques
truffes : 1 ou plus.
sel, poivre, huile d'olive

La veille couper les truffes en lamelles et les introduire entre peau et chair.

Le lendemain faire cuire les marrons dans leur peau, à l'eau salée aromatisée d'un brin de fenouil. Les éplucher une fois cuits. Faire 2 parts égales.

Préparer la farce avec une moitié des marrons, l'oignon roussi à la poêle, le jambon et la chair à saucisses en petits morceaux et le foie de la dinde haché. Poivrer. Faire mijoter 10'. Pour que la farce soit moins sèche, vous pouvez y ajouter 3 petits Suisses.

Remplir la dinde. Coudre l'ouverture et la mettre à four chaud, avec la seconde moitié des marrons tout autour.

Dès qu'elle est dorée, poser dessus une feuille d'aluminium. Arrosez très souvent. Compter 40' par kilo pour la cuisson.

Le Lapin

Le lapin frais se reconnaît à son foie bien lisse. Attention aux os pointus. Ne jamais les donner à manger à des animaux comme chien ou chat.

Lapin à l'ail

lapin : 1 jeune ou 2 découpés
ail : 23 gousses
vin blanc : 1 dl
sel, poivre, huile d'olive,
Cognac : 1 verre à liqueur
Persil : très gros bouquet

Faire dorer les morceaux de lapin dans un peu d'huile d'olive, à feu modéré. Flamber avec le Cognac, saler, poivrer.

Ajouter le vin blanc et les gousses d'ail épluchées entières, ainsi que le persil.

Laisser mijoter 25' à 30'

Servir avec des pâtes fraîches ou des pommes de terre vapeur. Saupoudrer de persil.

Lapin aux fenouils

lapin : 1 découpé
fenouils : 6 bulbes
ail : 2 gousses, bouquet garni
oignons : 3
vin blanc : 5 dl, farine ou maïzena
sel, poivre, huile d'olive

Faire revenir les morceaux de lapin dans une cocotte avec l'huile d'olive. Bien les faire dorer. Ajouter les oignons émincés et l'ail, le vin blanc et le bouquet garni. Faire mijoter 30'. Ajouter les fenouils coupés en 2. Laisser cuire 15'.

Pour servir lier la sauce avec un peu de maïzena, ou de farine. La verser sur le lapin et les fenouils. La sauce doit être abondante.

Lapin au genièvre

Faire mariner les morceaux de lapin avec de l'huile d'olive et du genièvre écrasé, la veille.

Entourer les morceaux d'une tranche de poitrine, avec un peu de thym. Ficeler et ranger les morceaux dans un tian huilé. Mettre au four. Attention que cela ne soit pas trop sec. On peut y ajouter un petit peu de bouillon. Compter 45 à 60' de cuisson, et servir brûlant.

Lapin aux herbes

lapin très jeune
thym, laurier, sarriette,
romarin, ail   écrasés en pommade
huile d'olive   , sel
moutarde au vin blanc

Faire mariner le lapin avec les herbes, dans un plat à couvercle, la veille.

Le lendemain, placer dans le ventre thym et sarriette (attention aux feuilles pointues). Enduisez ensuite le lapin de moutarde, arrosez d'huile d'olive et mettez au four. Salez à mi-cuisson. Comptez 3/4 d'h. ou 1h. environ.
Servir très chaud.

Lapin aux olives

1 lapin   et du petit salé (1 tranche de 100 gr. environ
oignons : 2   tomates : 1kg
olives vertes : 1 poignée dessalée
ail, serpolet, thym, laurier, poivre
huile d'olive.

Mettre le lapin coupé en morceaux dans une marinade d'huile d'olive, thym, serpolet, laurier et poivre 2 à 3 h avant la cuisson. Faire revenir les morceaux avec le petit salé. Ajouter les tomates, oignons, herbes, ail écrasé. Verser les olives dedans et faire cuire doucement 1h.

Lapin au thym en paquetoun
même recette que le poulet p. 144

Lapin à la sauce du pauvre homme

lapin : 1
moutarde, oignon, farine, vinaigre,

Faire rôtir le lapin et le foie 15'. Retirer le foie. Le hacher et le faire revenir à la poêle avec 1 oignon. ajouter un peu de farine et d'eau avec un filet de vinaigre. Mixer.
Le lapin cuira seul en cocotte. Le servir avec la sauce.
On peut aussi préparer cette recette avec le lapin coupé en morceaux. servir avec des pâtes fraîches.

Sanglier

Abondant en Haute-Provence, sauvage ou d'élevage. C'est une viande agréable rôtie, en daube ou en civet.

Daube de Sanglier

2 ou 3 kg d'épaule, petit salé : 300 gr
Marinade : 1 litre de vin rouge, 2 oignons en rondelles 200 gr de carottes, genièvre, sarriette, thym laurier, 1 cuillerée de vinaigre de vin, du persil, du gros sel, et du poivre en grains

Faire cuire cette marinade 15' et la laisser refroidir.
Mettre les morceaux de sanglier (l'épaule convient au civet et à la daube) Laisser 4 à 5 jours la viande dans la marinade au frais. Dans la daubière, faire revenir du petit salé et les morceaux de viande. Faire bien roussir et retirer.
Mettre ensuite dans le fond de la couenne avec de l'huile d'olive et placer les morceaux de sanglier. Recouvrir de marinade. Mettre à feu doux avec de l'eau dans le couvercle de la daubière dès que cela bout. Aux 3/4 de la cuisson. ajouter 2 cuillerées d'Eau-de-vie. Faire bouiller 5' et recouvrir vite. Cuire pendant au moins 3 h, parfois 5 h !.... Servir bouillant. vous pouvez é-craser au dernier moment 3 ou 4 baies de genièvre et piler quelques cerneaux de noix.
Très bonne réchauffée. Se conserve bien au congélateur. Si la sauce est trop liquide, je la lie avec un tout petit peu de farine.

Les Escargots

Pas de livre de recettes provençales sans parler des escargots. Mais si l'on vous parle des "limaçoun", sachez que ce ne sont pas des limaces, mais des petits escargots blancs, rayés de spirales noires.

A la fin de l'été, on les voit agglutinés en haut des plants de fenouil (d'où leur nom "escalo fenoum")

Ne vous avisez pas de faire des bouquets originaux, car votre auto d'abord, votre maison ensuite seront striées d'empreintes luisantes démontrant que leur immobilité persistante sur le fenouil n'était qu'une attente avant la grande vadrouille.

Mais quel plaisir de les manger à Marseille. Les vendeuses marseillaises vous les proposent, cuits à l'eau avec beaucoup d'herbes et d'épices. Elles tendent leurs cornets de "limaçoun" et vous mettent l'eau à la bouche avec leur accent : " a l'aigo sau le limaçoun

    Y en a des gros

        et des pitchoun !"

Achetez un de ces cornets de papier et régalez-vous.

Si l'on vous parle de "petits gris" sachez qu'ils ne sont ni petits ni gris, mais assez gros et marron. Ce sont les escargots de nos jardins que se régalent de nos semis ou de nos salades.

Il est interdit de les ramasser avant Juin, à cause de l'époque de ponte.

Escargots petits gris à la sauce

Les ramasser et les faire jeûner 8 à 15 jours dans un récipient aéré. Les derniers jours leur donner des branchettes de thym et les saupoudrer de farine.

Ensuite les jeter dans une grande bassine d'eau tiède. Enlever leur capsule et vérifier qu'ils sont tous vivants.

Puis les mettre dans une grande bassine avec 2 verres de vinaigre et une grosse poignée de sel fin.
Remuer. Ils vont rendre leur bave. Attendre un
moment, et rincer, rincer, rincer jusqu'à ce que
l'eau soit claire.

Vous aurez besoin de grains de coriandre

1 écorce d'orange

ail, poivre en grains

un peu de romarin

du thym, laurier, basilic

et de la menthe

3 poireaux, 2 navets

3 carottes et du céleri en branche

Une fois rincés mettre les escargots dans une marmite
d'eau froide, non salée. Chauffer de plus en plus fort.
Les escargots sortiront leurs cornes et chauffer brusquement jusqu'à ébullition. Écumez, salez fort. Faire cuire 1h30 avec
tous les ingrédients sauf les légumes, puis 1 autre heure avec
les légumes, jusqu'à ce que les escargots se détachent de leur
coquille avec une épingle.

Pendant ce temps, préparer la sauce.

Il faut : 5 à 7 anchois, 1 verre de vin blanc,
2 tranches de jambon cru coupées en dés
une branche de fenouil, 1 oignon
1 petite écorce d'orange, 3 tomates, du persil
6 gousses d'ail et un peu de farine, vinaigre

Faire fondre les anchois au vinaigre. Ajouter le vin blanc,
le jambon, les ingrédients, la farine, l'ail écrasé, avec un
peu d'eau aromatisée de la cuisson des escargots.

Sortir les escargots de leur eau, les égoutter et les
verser dans la sauce, avec ou sans coquilles. La sauce
doit être courte mais doit couvrir les escargots. Laisser
mijoter 1 petite heure.

Certaines personnes ajoutent au dernier moment
un bol de noix pilées.

Les Fromages

Les fromages de chèvre sont les plus réputés. A chacun son goût, moelleux, frais, durs.

Vous méfier des fromages dits de Banon fabriqués en Isère et dans la Drôme. Les meilleurs sont de Banon, près de Forcalquier et de ses alentours. On les appelle les "pliés". Plier en provençal veut dire emballer. En vérité ils sont emballés dans des feuilles de châtaignier.

N'avez-vous jamais entendu dans une épicerie ou ailleurs, la vendeuse qui voulant emballer une bouteille de vin, un abat-jour, ou autre chose .... vous propose : "voulez-vous que je vous le plie"? ....

Cachaye

Ecraser de la tomme fraîche. La poivrer et l'arroser d'eau de vie. Bien mélanger et déposer dans un endroit frais. A manger quand la pâte devient piquante. Dans le pays gavot l'on attend tout l'hiver et alors là, pour les palais non initiés il est assez difficile de ne pas faire la grimace!

Fromage à l'huile

Dans un bocal, rangez vos fromages pas trop frais (ils se liquifieraient). Les entourer de sarriette (branches et feuilles) 1 ou 2 feuilles de laurier, et versez l'huile d'olive légère, largement. Attendre un mois.

Vous pouvez parsemer vos salades vertes de morceaux de ces fromages, et d'olives.

Un régal ....

Les Desserts

Les détracteurs de la cuisine provençale n'en trouvent pas. En vérité les desserts provençaux ne peuvent rivaliser avec les tartes à la crème, les meringues, les chocolats de ses voisins.

Ce sont des desserts rustiques à base de miel, d'amandes, des beignets qui terminent un repas, avec quelques douceurs sans prétention

Chichi - Fregi

Célèbres à Marseille. Quel enfant n'en a pas souvenir dans les fêtes votives de Provence. Rien que le nom enchante !...

farine : 500 gr
levure de boulanger : ½ paquet
sel : 1 pincée
eau de fleurs d'oranger : 2 c. à soupe
eau tiède
sucre vanillé

Délayer la levure avec de l'eau tiède

Mélanger avec la farine, le sel, l'eau de fleurs d'oranger et ajouter l'eau tiède jusqu'à consistance d'une pâte souple. Laisser reposer 1 heure sous un torchon

Dans la friture chaude avec douille ou non, on verse un peu de pâte en ruban, en grandes spirales que l'on coupe avec des ciseaux une fois cuite.

Rouler dans le sucre.

Merveilles ou oreillettes
ou bugnes des Lyonnais
Elles font leur apparition au moment du Carnaval.

farine : 500 gr
oeufs : 4
eau de fleur d'oranger : 1 cuillerée
ou de tilleul
sucre : 1 cuillerée
sucre glace
beurre : 250 gr
ou huile : 3 cuillerées à soupe
levure : ½ paquet

Mélanger le tout . Mais si c'est un peu trop sec ajouter un peu d'eau tiède .

Faire une boule . Attendre 2h sous un torchon dans un endroit tiède .

Etaler au rouleau , plat, plat, plat .

Couper en morceaux longs avec une roulette ou au couteau . Les fendre ou non, ou les tordre

Jeter dans la grande friture chaude . Les sortir et les déposer sur du papier absorbant
Saupoudrer de sucre glace .

Pour les 13 desserts , voir le gros souper p. 160 à 163

Le Pan Coudoun

coing : 1 par personne
pâte à pain

Choisir les coings petits, bien mûrs. Les essuyer. évider le milieu, le remplir de sucre ou de confiture, un peu de beurre et de citron ou de miel

Étendre la pâte. Faire en sorte qu'elle entoure chaque coing. Dorer à l'œuf. Cuire à four chaud 30 à 40 ! Une délicieuse odeur envahit la maison et les voisins de l'immeuble viendront vous rendre, par surprise, visite !

Tarte sucrée aux épinards

Spécialité du Vaucluse, surtout de Carpentras
Pâte sablée
épinards : 500 gr
lait : 1/2 litre
sucre : 100 gr   farine : 2 cuillerées
œufs : 4
citron : 1
fruits confits : cerises, oranges mélangées

Étaler sur un moule à tarte la pâte (en garder des bandelettes). Presser les épinards blanchis 2'. Les hacher aussi finement que possible. Battre les œufs avec la farine et le sucre. Mélanger avec le lait bouillant, les épinards, le zeste du citron et les petits morceaux de fruits confits.

Mettre le tout sur la pâte et disposer le reste de pâte coupé en bandelettes en croisillons. Décorer dans chaque croisillon d'une cerise confite.

Au four chaud 10' ou à four moyen 30'.

Au lieu de fruits confits, l'on peut mettre des raisins de Smyrne trempés dans du Rhum tiède.

On peut aussi ajouter des pignons.

Le gros souper.

C'est celui de 24 Décembre, veille de Noël, au soir. C'est le repas le plus important de l'année en Provence. Repas maigre et fastueux (on reconnaît bien là, l'habileté des cuisinières provençales) que l'on prend en famille, en oubliant les discordes. Communion alimentaire, chargée de symboles religieux et païens.

Jadis le gros souper était précédé de la cérémonie du "cacho firo" L'aïeul, ayant soigneusement choisi une belle branche de fruitier, souvent de l'amandier versait dessus du vin nouveau. Le plus jeune de la famille l'allumait dans la cheminée, à l'aide d'un bout de bois de la bûche de l'année précédente.

La famille chantait
" Alègre, alègre
" Cacho firo ven, tout ben ven
" se sian pas mai, que signe pas men "
" joie joie
" cacho firo vient, tout bien vient
     et si l'on est pas plus, que l'on ne soit pas moins"

A l'heure actuelle les cheminées ont souvent disparu et la bûche s'est transformée en pâtisserie.

Les femmes invitaient à passer à table.

Ah quelle table !.. Une nappe blanche (ou 3 superposées) éclairée de 3 bougeoirs et égayée de 3 petites assiettes de blé de la Sainte Barbe. Le chiffre 3 symbolisant la Trinité. Blé ou lentilles sont symbole de renouveau et prédisent une bonne récolte à venir. L'on sort les plus belles assiettes, et les plus beaux couverts, et l'on n'oublie pas une assiette de plus pour le pauvre qui passerait par là.

Selon les traditions de chaque famille, les plats sont présentés tous ensemble ou arrivent séparément sur la table.

1 poisson domine : la morue. On y ajoute selon les régions les anguilles, les escargots, les sardines. et 2 légumes dominent : cardes et épinards. On y ajoute choux-fleur, courges, céleri.

Recettes

Cardons aux anchois
Cardons à la Béchamel
Chou-fleur
Sauce aux poireaux
Céleri à l'anchoïade
Gratin de Courges
Desserts et friandises : les 13 desserts.

Plusieurs recettes vous ont déjà été proposées.
le tian d'épinards p. 92   la brandade p. 107
les sardines aux épinards p. 118
la morue aux épinards p. 109

Cardons aux anchois

Cardons : 1 ou 2
citron : 1
anchois : 7 ou 8
farine, huile d'olive, poivre, persil
1 gousse d'ail

Éplucher et couper en morceaux les côtes des cardons, les déposer au fur et à mesure dans de l'eau citronnée.
Dans une marmite, préparer de l'eau avec 2 cuillerées de farine délayée à froid, et faire bouillir. Y jeter les morceaux de cardons. Les blanchir 15' (la farine absorbe leur amertume et les rend plus blancs) et les mettre dans une passoire sous un jet d'eau froide rapide qui les raffermira.
D'autre part dans un poêlon, faire revenir l'oignon émincé dans de l'huile d'olive, avec la gousse d'ail et les anchois dessalés, et dépourvus de leur

arête . Faire un petit roux avec la farine (1cuillerée)
ajouter les cardons , remuer, et servir chaud avec
du gruyère rapé et fondu .

Cardons à la Béchamel

Cuits dans l'eau , comme pour la recette précédente
les cardons sont rangés dans un plat avec la béchamel , et mis au four avec du gruyère rapé .
La béchamel peut être faite soit au beurre
soit à l'huile d'olive (p. 40)

Le Chou-fleur

sera servi en gratin avec de la béchamel ,
ou cru avec l'anchoiade .

Sauce aux Poireaux

c'est-à-dire Morue aux poireaux,
Spécialité du gros souper dans les villages bordant
le Calavon et en Haute Provence .

poireaux : 3 kg
olives noires : 200 gr
morue : 2 bols , pochée , dessalée de la veille,
    et émiettée .
oeufs durs : 2
huile d'olive , sel, poivre
chapelure : 1 bol .

Pocher 5' les poireaux découpés en morceaux
de 4 cm environ (Vous pouvez les pocher avant
de les couper , c'est meilleur).
Les mettre dans un poêlon avec 4 cuillerées
d'huile d'olive les faire revenir jusqu'à ce qu'ils
forment une crème, sans jaunir . Ajouter les olives noires et la morue pochée . Cuire à petit feu,
à découvert pendant 40' , mais sans bouillir.
Si cela devient sec ajouter un petit peu d'eau de cuisson
de la morue . Mettre la chapelure au-dessus du plat,

elle gonflera.

Au moment de servir, remuer le tout, poivrer et saler si besoin est.

On peut y ajouter des œufs durs, coupés en morceaux

Gratin de Courges

Courges : 500 gr
oignon : 1
farine : 2 cuillerées
sel, poivre
gruyère
huile d'olive

Faire revenir à couvert, les morceaux de courges dans de l'huile d'olive, saler, poivrer, mettre une feuille de laurier. Passer le tout à la moulinette quand ils auront rendu leur eau.

Mélanger, avec 1 oignon émincé roussi, 2 œufs battus en omelette, un peu de farine délayée avec un peu de lait, un peu de muscade.

Huiler un tian. Y mettre le mélange, saupoudrer de gruyère, et faire cuire 30' ou plus.

Les desserts

Impérativement 13. (ce chiffre symbolise Jésus et les 12 apôtres)

Selon la tradition marseillaise : raisins secs, figues sèches, amandes et noix, prunes, poires, pommes cédrats confits, confiture de coings, nougat blanc, nougat noir, melon jaune, fougasse ou pompe.

Les fruits secs sont appelés "mendiants", ressemblant par leurs couleurs aux habits des moines mendiants, carmes, dominicains, franciscains et capucins. Une noix ou une amande piquée dans une figue s'appelle le nougat du capucin.

Chaque famille ajoute sa tradition personnelle. Ne pas oublier les oranges, signe de richesse, et les mandarines dont on faisait des petites lampes à huile, posées devant la crèche. Bien souvent aussi un melon jaune gardé depuis Septembre au grenier prend place dans les 13 desserts, ainsi que des grappes de raisin de la treille mises à sécher à l'envers tout l'hiver.

Mais le premier dessert est

la Pompe

C'est une galette de fine farine cuite avec de l'huile d'olive et de la fleur d'oranger, que l'on appelle aussi Gibassier, selon les régions.

farine 1kg
sucre 250gr
levure de boulanger : 20gr
eau de fleurs d'oranger : 1/2 verre
huile d'olive : 200 gr
écorces d'orange rapées : 2

Mélanger et pétrir le tout.
Si c'est trop sec ajouter un peu d'eau de fleurs d'oranger. Déposer la pâte en boule dans un saladier couvert d'un linge. Laisser reposer 3 heures, elle aura doublé de volume.
Former alors une galette ronde. L'entailler profondément. Mettre au four à chaleur douce, et surveiller la cuisson.

Ne pas oublier le **Nougat noir et blanc**

La recette du nougat blanc est très compliquée. Je vous donne la recette du noir appelé aussi le "nougat noir d'Apt".

Amandes : 1 kg
miel : 1 kg
papier d'hostie*

Les amandes décortiquées sont triées. En casser une poignée et garder les autres intactes.

Faire chauffer le miel très doucement, en remuant, dans un chaudron de cuivre ou une casserole épaisse, avec une cuiller en bois.

Lorsqu'il va bouillir, le miel change de couleur. Il devient plus foncé. Jeter les amandes cassées et les autres dans le miel bouillant. Tourner, tourner. Quand les amandes craquent, elles "chantent". Arrêter la cuisson. Verser le mélange dans des moules rectangulaires, petits et pas trop épais. Attendre qu'il soit froid, pour sortir le nougat du moule (difficile à faire !...). Le couper en barres avec un grand couteau tranchant ou .... une scie circulaire !!!... Attention aux doigts!

On peut aussi verser le mélange bouillant, amandes et miel, sur du papier hostie*
L'opération est délicate. Mouiller avec une éponge le papier pour mieux le placer dans le moule. Verser le nougat et recouvrir de papier.

Si je vous ai fait casser les amandes c'est pour mieux remplir le moule. Mais ça n'est pas du tout indispensable. Les amandes cassées, allant dans les coins du moule, seront mieux réparties dans les creux.

Vous pouvez vous confectionner un moule en bois avec 4 crochets dans les 4 coins. Vous l'ouvrirez une fois le nougat froid.

* acheté en droguerie au moment de Noël.

Vous pouvez aussi faire des **Pralines**

    pour 1 verre d'amandes
    1 verre de sucre
    1/2 verre d'eau

Mélanger le tout, amandes entières, sucre et eau dans une cocotte.

Mettre à feu doux, tourner. Tourner surtout beaucoup quand arrive l'ébullition, et que l'eau s'évapore. Les amandes pétillent, le sucre devient caramel. Surveillez-les bien.

Et hop ! vous les retirez avant qu'elles ne foncent trop et vous les jetez sur un marbre huilé. Avec un couteau, vous les séparez très vite les unes des autres.

Beaucoup de tartes entrent dans les desserts de Noël. Tartes au miel et aux noix, tartes à la compote avec croisillons de pâte dessus, tartes aux épinards sucrés (voir desserts p.)

Actuellement les oreillettes traditionnelles pour le Carnaval trouvent leur place dans le gros souper.

Après le souper l'on boit toujours un vin cuit avec les desserts. Vin cuit que l'on trouve dans les épiceries spécialisées de Marseille ou des grandes villes.

Parmi les vins d'Appellation Palette, se distincte le Château Simone (Meyreuil) qui propose à côté de ses Rouges chaleureux, de ses Rosés bouquetés et de ses Blancs élégants un vin cuit liquoreux très apprécié pour accompagner les desserts du gros souper. Ce vin est obtenu par concentration à chaud du moût dans des chaus

Le Repas achevé, le couvert n'était pas enlevé. "Les anges venaient manger les miettes" .... Et tout le monde partait à la Messe de Minuit.

Pour vos Notes

Pique-Nique
ou Déjeuner au cabanon

Il y a plusieurs manières et états d'esprit pour préparer sa "biasse" (besace)

Vous vous contentez d'un vieux croûton de pain.
Vous n'apportez rien du tout et vous comptez à vos risques et périls sur l'apport de vos amis voisins.

Vous n'apportez rien du tout car vous savez que votre ami voisin, invité, distribuera comme de coutume ses bonnes choses abondantes

Ou alors, c'est vous qui apportez ....

Outre des olives (pas trop, cela donne soif) le saucisson de Sault, les œufs durs, les tomates écrasées ou le beurre fondu, n'oubliez pas les omelettes froides, aux tomates, aux oignons, la ratatouille froide, les aubergines aux tomates, les tranches de porc à la sauge.... les petits vins (méfiez-vous de ceux qui coupent les jambes et empêchent de repartir...) .... Des fruits, les fromages de chèvre !...

Évitez, évitez les grillades, à cause du feu.

Et si vous apportiez un **pan-bagnat** !
Prendre un gros pain de campagne ou 1 petit pain individuel (plus pratique).
Préparez une bonne salade de tomates en rondelles, oignons en rondelles, anchois, poivrons grillés, olives et ail si vous voulez, avec basilic ou menthe. La vinaigrette doit être abondante.
Coupez votre pain dans le sens de la largeur. On peut aussi évider le pain de campagne par l'

un des 2 bouts. C'est un travail long, mais satis-
faisant quant aux résultats. On le remplira petit
à petit en tassant bien.

Imprégnez le pain de sauce vinaigrette où doit do-
miner l'huile d'olive. Disposez sur une face du
pain les tomates, les oignons, les anchois et arrosez.
Recouvrez avec l'autre moitié du pain imbibée d'huile
d'olive. Serrez bien les 2 moitiés. Enveloppez-le dans
un torchon mouillé, bien essoré. Enlevez le torchon
au moment de partir en pique-nique, et enveloppez
votre pan-bagnat dans une feuille de papier d'aluminium bien serrée.

Vous couperez votre pain en plusieurs tranches.

variante : Vous pouvez écraser votre salade, et mettre
le mélange dans le pain.

Si vous n'avez pas d'assiette, emportez beaucoup
de papier Sopalin .... ça dégouline !

Quelques Conseils pour choisir vos Vins

Nous avons été voir le Maître de Chais de la Cave Delarozière-Dubrule, et voici les conseils qu'il nous a donnés.

Pour les apéritifs, à côté des vins familiaux dont nous vous donnons les recettes, vous pouvez faire plaisir en proposant un vin de l'année, un blanc ou un rosé fruité bien frais.

En règle générale les mets épicés, relevés, très assaisonnés, où les ingrédients ont une forte personnalité méritent des vins charpentés. Il faut que le vin "suive" et s'harmonise. L'on peut choisir quelques vieux millésimes, ou de vieux rouges très souples.

Les mets plus légers demandent plutôt des vins de l'année.

Pour les salades, les entrées, les légumes choisissez selon votre goût un rosé frais de l'année, un primeur ou un rouge léger de l'année style primeur.

Pour les plats délicats, fins et légers choisissez un vin rouge de 2 ou 3 ans maximum.

Pour les mousses de légumes, les pâtés fins, les foies gras prenez des blancs secs de 1 à 2 ans maximum. Les omelettes aux truffes préfèreront un rouge.

Les grillades demandent plutôt des rosés fruités ou des rouges légers.

Pour les poissons choisissez des blancs secs, mais un rouge léger, style primeur de 2 à 3 ans maximum, accompagne très bien les poissons grillés.

Pour le gros souper de Noël, il existe un vin cuit dont il est question p. 163.

Et puis si vous voulez plus de précisions allez bavarder avec les propriétaires des Caves. Ils aiment leurs vins et vous les feront aimer

Petits Vins et Liqueurs

Souvent à base de fruits ou de feuilles, ils font la gloire des maîtresses de Maison.

Préférer le Marc de Provence à l'Eau-de-vie de fruits.

Vin de Cerisier

Pour 1 litre de bon vin rouge
100 feuilles de cerisier
et 300gr de sucre
et 1 verre ½ d'eau-de-vie à 45°
Laisser macérer une semaine, filtrer et
mettre en bouteilles.

Vin de Noix

noix : 45 avec leur écorce, le brou
vin rouge : 5 litres
sucre : 1 kg
eau de vie : ½ litre
vanille : 1
muscade, 4 clous de girofle, cannelle
Prenez des gants pour manipuler les noix. Les
écraser, les mettre dans le vin avec les ingrédients
Laisser macérer 45 jours, filtrer et mettre en bouteilles.

Vin d'Oranges

vin blanc sec : 5 litres
citron : 1
oranges : 6
eau-de-vie : 1 litre
sucre : 1 kg
Couper les oranges en gros morceaux, et le citron,
avec la peau. Mettre le tout dans le vin avec l'Eau-de-vie
et le sucre. Laisser macérer 45 jours en secouant de
temps en temps. Filtrer et mettre en bouteilles.
variante : au lieu d'oranges, utiliser des pamplemousses.

Vin de Pêches

Vin rosé : 5 ℓ . 11 ou 12°
feuilles de pêcher : 600 cueillies du 15 août
au 30 Septembre
Eau-de-vie : 1ℓ
sucre 1kg - vanille : 1

Laisser macérer les feuilles dans le vin avec l'eau-de-vie et la vanille, pendant 6 jours. Retirer les feuilles, ajouter le sucre, secouer, filtrer et mettre en bouteilles.

Vin de Sauge

1 bonne poignée de fleurs
1 litre d'eau-de-vie ou de marc
40 jours au soleil, et à la lune, sur le rebord de votre fenêtre.

Ce petit vin, bu dans un verre à liqueur, est souverain contre la fatigue et les évanouissements ..... ça ravigote.

ainsi que

l'Eau-de-vie de longue vie

1 litre d'eau-de-vie.

Retirer de la bouteille 1/4 d'eau-de-vie et remplir ce vide de romarin, sauge, thym, marjolaine, basilic, et menthe. Laisser macérer 30 jours dehors. Ne pas enlever les herbes, et tous les ans en rajouter des fraîches.

En boire quelques gouttes par jour est le remède idéal pour vivre centenaire .....

Vin de Myrte

Vin rouge de Cassis : 5 ℓ .
grains de myrte : 500 gr
sucre : 1kg - Eau-de-vie : 1 litre

Ecraser les grains, faire macérer 60 jours. et filtrer.

Vin cuit traditionnel au "Gros Souper" p. 163

Vin d'Aspic

vin rouge : 3/4 dans une bouteille d'1ℓ.
une poignée de fleurs
laisser infuser 40 jours . filtrer.
Souverain pour les ennuis intestinaux
ainsi que

l'Eau de Genièvre

Eau-de-vie : 1/2 ℓ
grains de genièvre : 1 poignée
Faire macérer les grains écrasés 40 jours .

Eau de Romarin

Eau-de-vie : 1ℓ
1 bonne poignée de fleurs
Faire macérer pendant 40 jours -
ajouter 200 gr de sucre .
Souverain pour drainer la vésicule biliaire .

Guignolet

Cerises dénoyautées : 1kg
sucre 200 gr
vanille : 1
Eau-de-vie : 1/2 ℓ et vin rouge 2 ℓ.
Cuire les cerises avec le sucre 30' . Passer .
Pour 1/2 ℓ. de jus mettre 1/2 ℓ. d'eau de vie. Ajouter
la vanille . Laisser macérer 8 jours .
Ajouter le vin rouge .
attendre 2 mois avant
de le boire .

Ratafias

Déjà le mot enivre.... et l'on a envie d'en boire et d'être joyeux!

Ratafia aux 4 fruits

Cerises, framboises, groseilles, mûres : 1 kg de chaque.
Ecraser la moitié des noyaux de cerises.
Ecraser les fruits, et les mélanger aux amandes écrasées des noyaux. Laisser reposer 3 jours au frais. Filtrer.
Pour 1 litre de jus :
1 litre d'Eau-de-vie
un peu de cannelle
125 gr de sucre ou un peu plus
Laisser macérer 30 jours. Mettre en bouteilles

Ratafia aux cerises

cerises bien noires : 1 kg
Eau de vie : 1ℓ.
sucre : 250 gr
Ecraser la moitié des noyaux. Ecrasez leurs amandes avec les cerises. Mettre au frais 24 h.
Pour 1 ℓ de jus : 250 gr de sucre —
Laisser macérer 8 jours . Mettre en bouteille

Ratafia aux raisins muscat

Ecraser de beaux raisins. Passer au tamis. Pour 1 litre de jus
1 litre d'eau-de vie
300 gr de sucre . un peu de Cannelle
Infuser 10 à 15 jours . filtrer .
Mettre en bouteilles.

Attention! Inspectez de temps en temps les bouteilles pour vérifier qu'il n'y a pas de fermentation explosive! catastrophique pour l'environnement.....

Cerises à l'eau-de-vie

Griottes : 1 kg
sucre : 400 gr
eau-de-vie : 1 litre

Cette préparation se fait en 2 fois, à 5 jours d'intervalle.

Ecraser 500 gr de cerises avec leur noyau. Mettre le tout dans l'alcool pendant 5 jours. Filtrer, jeter le résidu. Mettre dans l'alcool coloré les griottes nouvelles, piquées de petits coups d'épingle, avec leurs queues coupées à 1cm, ou plus, et le sucre.

Attendre quelques mois pour les déguster.

Les Confitures

Le figuier croule de figues, elles s'écrasent, et cela "pègue" de partout. Les clafoutis de cerises n'arrivent pas à absorber tous les fruits du verger et les melons du voisin arrivent journellement avec gentillesse et profusion.

Pourquoi ne feriez-vous pas des confitures ? pour vous, pour tous les amis, pour des petits déjeuners qui n'en finissent pas......

* confitures condiments

Confiture d'abricots à la vanille

abricots : 2 kg
sucre : 2 kg
1/2 litre d'eau . 1 vanille

Verser le sucre, l'eau et la vanille ouverte en 2 dans la bassine . Porter à ébullition : 3'

Jeter les fruits coupés en morceaux . Faire bouillir très fort . Remuer . Faire cuire 3/4 h. Pour s'assurer de la cuisson vérifier avec une goutte qui doit se figer .

Confiture de Cerises

Cerises : 1 kg
sucre : 800 gr
eau : 200 gr par kg de sucre

Dénoyauter les cerises - Faire cuire eau et sucre et y jeter les cerises . Faites cuire ensuite 25' . Vérifiez la cuisson grâce à la goutte bombée qui doit se figer .

Gelée de citron

4 citrons non traités
eau : 1 litre
sucre : 1 kg

Couper les citrons en très très petits morceaux fins . Les laisser tremper 24 h dans le litre d'eau.

Le lendemain faire cuire 3/4 d'h. et ajouter le sucre Laisser reposer 24 h. Et le surlendemain faire cuire 1/4 d'heure et mettre en pot .

Les coings gelée

coings   : 2 kg
sucre   : 800 gr par litre de jus
citron   : 1 par litre de jus
mousseline

Essuyez bien les coings. Epluchez-les. Enlevez le cœur dur et les pépins que vous gardez dans la mousseline nouée, avec les épluchures.

Mettre dans une bassine les coings coupés en 8 quartiers avec de l'eau. (environ 500 gr de fruits pour 1 litre d'eau) Mettre à grand feu, mais le diminuer dès que l'ébullition est atteinte. Les coings doivent cuire sans s'écraser. Verser dans un tamis, tordre la mousseline. Le gélifiant des pépins sortira épais et gluant. Mettre de côté les coings pour en faire de la pâte. Pour la gelée, passer le jus recueilli à travers un linge et mesurer-le. Le remettre dans la bassine et chauffer. Ajouter 800 gr de sucre par litre de jus, ainsi qu'un jus de citron par litre de jus. Faire cuire à grand feu, remuer souvent et écumer.

Au bout de 30' la gelée est cuite. Elle doit faire la nappe, c'est-à-dire que la gelée glissant de l'écumoire doit former nappe continue et non gouttes.

Mettre en pots. Couvrir immédiatement.

Confiture de figues

figues : 3 kg
citrons : 4
sucre : en 3 bouteilles de sirop de
sucre de canne

Plongez les figues, équeutées et pelées, si vous vous en avez le temps, dans une marmite d'eau bouillante pendant 3'. Retirez-les avec une écumoire et mettez-les dans une passoire. Passez rapidement sous l'eau froide. Coupez les figues en 2. Versez dans le chaudron les sirops de canne et faire bouillir. Mettre ensuite les figues, les zestes des citrons et leur jus. Cuire à petit feu 1h 15. Vérifiez la cuisson.

Confiture de Melons

Melons : 1 kg épluché
sucre : 200 gr par kg
vanille - citron : ½ verre de jus

Laisser égoutter les melons coupés en petits morceaux, petits dés, sur un tamis ou passoire.

Mettre les fruits, le sucre, la vanille et le jus de citron dans la bassine. Faire bouillonner pendant 1h. Mettre en pots.

On peut y ajouter des framboises : 500 gr pour 2 kgs.

Confiture de mûres

mûres : 1 kg
sucre : 750 gr
eau : 2 verres
citron : 1 jus

Faire cuire l'eau et le sucre. Y jeter les mûres et le jus de citron. Remuer. Vérifier la cuisson : quelques gouttes sur une assiette froide doivent se figer immédiatement.

Mettre en pots. Laisser refroidir. Couvrir froid.

Confiture noire

figues, poires, aubergines, melons, noix et coings.

Faites bouillir une grande quantité de figues. Les mettre dans un linge, ou une passoire et laisser égoutter. Vous aurez préparé, à côté, des morceaux de poires, coings, melons, cerneaux de noix. Jetez-les dans le jus, et faites bouillir. Le jus doit devenir épais et noir. C'est cuit.

Vous pouvez à votre fantaisie y mettre les fruits que vous voulez. Et, selon votre goût, les morceaux peuvent être gros, fins ou inexistants en passant le tout à la moulinette.

Confiture d'oignons grenadine

oignons : 3 ou 4 (environ 500 gr)
vinaigre vieux : 3 cuillerées à soupe
vin vieux : 1 verre
sirop de grenadine : 1 cuillerée à soupe
sucre, beurre, sel, poivre

Faire revenir les oignons coupés en rondelles dans le beurre. Ajouter sucre sel (1 pincée de poivre (selon votre goût) et grenadine. Vérifier l'assaisonnement.

Faire cuire, couvert, pendant 20', doucement.

Ajouter le vinaigre, le vin vieux et laisser cuire 10'. Excellent avec de la viande chaude ou froide. Se sert chaud ou froid.

Confiture d'oignons petits grelots

grelots : 600 gr   sucre de canne : 300 gr
citron vert : 1
1 dl de vin blanc sec
1 dl de vinaigre, sel, poivre

Éplucher les oignons, les mettre dans une casserole à fond épais avec le sucre et le jus du citron. Faire démarrer tout doucement pour obtenir un caramel clair. Mouiller avec le vin blanc et le vinaigre. Ajouter le zeste rapé du citron, sel (une pincée) poivre. Laisser cuire doucement jusqu'à ce qu'il n'y ait plus de liquide. Excellent avec des viandes grillées ou froides.

Confiture de pastèque ou gigérine (ou gingérine)

Ce n'est pas la pastèque à la chair rouge et aux grains noirs d'afrique du nord, mais une pastèque plutôt longue, marbrée de couleur verte plus ou moins foncée que l'on cultive surtout dans le Pays d'Apt pour la confiture.

Couper la pastèque en morceaux très très fins. Enlever la peau et les grains. Les peser et ajouter la moitié de leur poids en sucre. Faire macérer 12 h au moins.

Le lendemain les faire cuire à petit feu avec 3 zestes de citrons et leur jus pendant 1/2 heure, comptée lorsque cela commence à bouillir.

Pendant 3 jours de suite recommencer cette cuisson. La confiture deviendra translucide et confite.

J'y ajoute du gingembre en poudre (1 cuillerée à café ½) ou rapé frais (1 cuillerée à café)

Confiture de poires aux épices

poires : 3 kg
sucre : 1 kg 500 en poudre
citron : 1   -   girofle : 5 clous
vanille : 1   -   gingembre frais : 1

Couper les poires épluchées en lamelles pas trop épaisses. Laisser macérer 12 h ou 24 h, avec le sucre et le jus du citron. Egoutter. Faire cuire le jus pendant 10'.

Remettre les fruits avec les clous de girofle, la vanille fendue, le gingembre rapé et faire cuire 30' à feu doux, comptées à partir de l'ébullition.
Mettre en pots
Couvrir froid
Excellent avec la viande froide, le riz etc...

Confiture de potiron
tellement jolie !...

potiron : 3 kgs épluchés et coupés en cubes
sucre : 3 kgs
3 oranges , 3 citrons

Faire cuire le sucre avec un peu d'eau jusqu'à ce que le jus se casse comme du verre.

Ajouter le potiron en cubes, le zeste des citrons, le jus des oranges et des citrons. Faire cuire en remuant jusqu'à ce que le potiron soit sur

le point de fondre . Verser dans une passoire . Faire ensuite épaissir le jus et remettre le
potiron . Laisser bouillir 5' . Laisser tiédir
avant de mettre en pots , et couvrir le lendemain.

Confiture de tomates vertes

tomates : 2 kg
sucre : 1 kg, 250
citrons : 4

gingembre frais : 1 petit bout de rhizome , ou
en poudre : 2 cuillerées à café

Dans une terrine , disposer 1 couche de tomates
coupées très très finement ; 1 couche de sucre. Laisser
macérer 24h.

Mettre le tout dans un chaudron avec l'eau de
macération , le jus des 4 citrons, le gingembre râpé
ou en poudre .

Faire arriver doucement à ébullition et compter 1h 3/4 de cuisson . Le jus doit se prendre en
gelée . Mettre en pots .

Confiture de Vieux Garçon

Ce n'est pas une confiture mais un cocktail
flamboyant de fruits à l'alcool . La préparation
demande 2 mois .

Choisir un très joli et grand bocal en verre.
Le remplir d'un bon alcool blanc : Marc de
Provence ou ... Vodka .

Choisir les fruits de saison , mûris sur l'ar-
bre ou la plante .

Au fur et à mesure de leur apparition les
ranger délicatement dans le bocal dans la proportion d'1 kg de sucre pour 1 kg de fruits.

Commencer par les fraises , puis les cerises

dénoyautées ou non , les framboises, les abricots coupés en 4 , les pêches jaunes, blanches, coupées en grosses tranches , les prunes Reine Claude , les poires bien fermes, coupées en dés , les grains de Chasselas dorés, les muscats bien noirs .

Votre imagination en rajoutera bien d'autres.... ne pas remuer les fruits dans le bocal .

Attention ! que les enfants n'en goûtent pas trop !...

Attendre 2 ou 3 mois pour commencer à en goûter

Recommandations . Bien essuyer les fruits, si vous les lavez .

Si elle fermente un peu, ne vous inquiétez pas c'est normal .

Servez après le café dans de jolis verres ou des petites coupes .

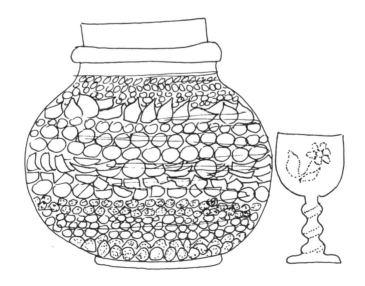

Les coings

Pâte de coing

coings : 4 ou 5 bien mûrs, c'est-à-dire bien jaune - ocre

sucre : en poudre : poids de la purée obtenue

Bien essuyer les coings. Les couper en quartiers. Avec un peu d'eau les faire cuire doucement dans une casserole couverte. D'une jolie teinte rose de-venus tendres, les passer au presse-purée. Peser la purée. La mettre dans une casserole avec le même poids de sucre en poudre. chauffer doucement et remuer sans cesse, environ 1/2 heure. C'est de plus en plus difficile. Arrê-ter quand la pâte se détache d'un seul bloc de la cuiller en bois.

Verser le tout dans des moules huilés, carrés, rectangulaires. L'épaisseur de la pâte ne doit pas excéder 3cm.

Attendre 10 jours et découper en bâtonnets, coeurs ou ronds. On peut les rouler dans du su-cre cristallisé et les présenter dans des petits moules en papier. Ils seront délicieux à Noël. A conserver dans une boîte en fer.

Petit Lexique

J'ai toujours été affolée par les termes de cuisine : faire dégorger ... suer, frémir, frissonner, passer au chinois ... bain-marie ... perlé, grand perlé !

En voici quelques explications

Bain-marie. J'adore ce mot ! Pourquoi marie ? Le bain-marie est une méthode qui consiste à faire cuire doucement une préparation placée dans un récipient, lui-même placé dans une casserole d'eau bouillante. La chaleur environnante fera fondre la sauce ou le chocolat.

Il existe à l'heure actuelle des casseroles spéciales à double fond et sifflet.

Barder. Ficeler une tranche de lard autour d'une volaille ou d'un rôti.

Blanchir. Ébouillanter 2 à 5' les aliments que l'on cuira ensuite, ou que l'on mangera presque crus.

Blondir. Terme désignant l'action de colorer un aliment ou une sauce. C'est la première nuance avant **Roussir** : blond plus foncé ou **Noircir** : extrême limite

Dégorger. Faire rendre, avec du sel ou non, l'eau contenue dans les légumes.

Dégraisser. Enlever le gras.

Émincer. Couper en tranches très très minces.

Flamber. S'emploie pour les volailles. Il s'agit de brûler toutes les plumes et duvet qui pourraient rester après avoir plumé la volaille. Il suffit de tenir la volaille au-dessus du feu.
ou bien : arroser sur un mets choisi un alcool, préalablement chauffé. Y jeter une allumette enflammée. Remuer délicatement pour permettre à tout l'alcool de brûler.

Fontaine. "faire une fontaine" en pâtisserie en général consiste à ménager un creux dans la farine pour y mettre œufs, beurre etc....

Frémir ou **Frissonner.** Bouillir presque imperceptiblement.

Lier. une sauce par exemple. Il s'agit d'ajouter un peu de farine pour que la sauce soit plus onctueuse ou consistante. Selon les sauces, un coup de mixer arrange bien les choses.

Réduire. Diminuer la sauce par cuisson vive ou lente. Bien surveiller.

Revenir. Cuire à feu découvert dans un corps gras en remuant.

Roussir. voir Blondir.

Saisir. Faire revenir mais à feu plus fort.

Suer. même chose sans matière grasse ou très peu pour faire rendre le jus. Remuer 5 à 10'.

Index